开口之后

BEYOND WORDS

黄执中 著

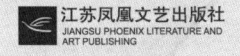

图书在版编目（CIP）数据

开口之后 / 黄执中著. — 南京：江苏凤凰文艺出版社, 2024.9（2025.9重印）. — ISBN 978-7-5594-8910-4

Ⅰ. C912.11-49

中国国家版本馆CIP数据核字第20245AZ988号

开口之后
黄执中　著

责任编辑	白　涵	
特约编辑	丛龙艳	
装帧设计	青空阿鬼	
责任印制	杨　丹	
出版发行	江苏凤凰文艺出版社	
	南京市中央路165号，邮编：210009	
网　址	http://www.jswenyi.com	
印　刷	天津中印联印务有限公司	
开　本	880毫米×1230毫米 1/32	
印　张	9	
字　数	188 千字	
版　次	2024年9月第1版	
印　次	2025年9月第7次印刷	
书　号	ISBN 978-7-5594-8910-4	
定　价	52.00元	

江苏凤凰文艺版图书凡印刷、装订错误，可向出版社调换，联系电话：025-83280257

感谢葛莉

有她才有这本书的出版

目 录

FOREWORD

前　言：写在开头　　　　　　　　　　　　　　001

PART ONE

017

第 一 部 分

开口之前，
我都在想些什么

1. 事实与评价	019
2. 善意假设与恶意假设	027
3. 学会创造选项	038
4. 改变与接纳	052
5. 透明与一致	061

PART TWO

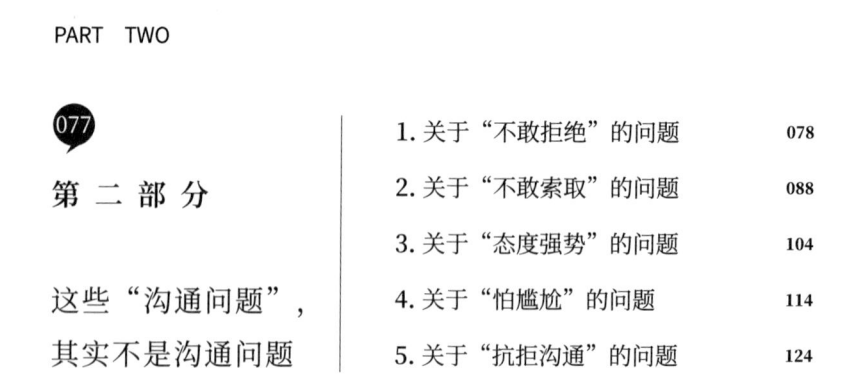

077

第 二 部 分

这些"沟通问题"，
其实不是沟通问题

1. 关于"不敢拒绝"的问题	078
2. 关于"不敢索取"的问题	088
3. 关于"态度强势"的问题	104
4. 关于"怕尴尬"的问题	114
5. 关于"抗拒沟通"的问题	124

6. 关于"社交恐惧"的问题　　　　　**135**
7. 关于"改变家人"的问题　　　　　**147**
8. 关于"怕揭露"的问题　　　　　　**156**
9. 关于"嘴笨"的问题　　　　　　　**167**
10. 关于"尬聊"的问题　　　　　　 **178**

PART THREE

191

第 三 部 分

这些沟通问题，
跟你想的不一样

1. 关于"被误会"　　　　　　　　**192**
2. 关于"理解不一致"　　　　　　**202**
3. 关于"反应慢"　　　　　　　　**208**
4. 关于"想吵赢"　　　　　　　　**217**
5. 关于"换位思考"　　　　　　　**225**
6. 关于"如何安慰人"　　　　　　**239**
7. 关于"对方只想维护自己利益"　**250**
8. 关于"怕上台"　　　　　　　　**267**

AFTERWORD

后　记：　写在最后　　　　　　　　　**279**

○ 好的沟通，背后都有一套好的想法。

前言：
写在开头

FOREWORD

● 开口之后

这本书,有几个特色。

第一,出于个人偏好,我很讨厌长句。
平时自己看书,总觉得一大段文字密密麻麻,啃起来费劲。
读不了几段,就头昏脑涨。

当然,这不关人家作者的事,单纯是我的问题。

只不过,轮到自己写作时,就常常一句一行。
虽然费页数。
但好处是(自认)看起来比较清爽。

第二,我喜欢对话感。
我会想象着,读者就站在自己面前。
以至写稿时,总是一边敲键盘,一边就在喃喃自语。
而这本书里,几乎每一句……都可以用我的语气"念"出来。

当然,这算不上什么优点。
真要说好处,就是个人风格很强,读起来会很流畅。

就像你不知不觉，就快读完这页一样。（笑）

第三，这本书，有明确的受众。

如果你自认是个沟通小白，对于沟通，没有任何专业基础。
你有许多困扰，请人开过书单，也试过上网找方法……
但太专业的书籍，看不下去。
而那些现成的技巧，练过之后，对你并没有太大用处。

那这本书，就特别适合你。

因为这本书就是在解释给你听……
为什么有很多的沟通技巧，不需要学。
以及，不靠技巧，要怎么解决那些**开口之后**的问题。

短句，对话感，写给外行人。
如果以上三个特色，对你来说，都算是加分项——
那咱们握个手吧！

接下来的内容，应该都能帮到你。

● 开口之后

● 为什么要写这本书？

我一直认为，自己有个特别糟糕的缺点。
就是我这个人，生性**好为人师**。（笑）

生活中，我特别喜欢搜集提问、分享看法。
但这与其说，是因为我喜欢给出答案。
倒不如说，是因为我对"问题"这玩意儿，特别感兴趣。

或许，是经年累月的辩论经验，所养成的习惯。
我发现，"问题"，几乎就是内容的宝库。
只要认真细读，就能从人们描述问题的话语中，发现许多**信息**、许多**假设**、许多貌似理所当然的**预期**……
以及许多当事人觉得不言自明，以致匆匆略过的**前提**。

"他为什么会这么问？"
"他为什么会把这种事，当成问题？"
"他为什么会觉得这种问题，能被解决？"
类似的观察，常给我带来启发。

而在各类问题中，最常被问到的，当然是沟通问题。

前言：写在开头

"如何拒绝朋友借钱？"
"如何融入新加入的团体？"
"如何说话不紧张？"
"如何安慰失意的伴侣？"
像这类问题，被问得久了，难免有个发现。
那就是，大多数人，在面对沟通问题时，想问的都是：
"开口之后，我要说些什么？"

似乎大家都觉得，这世界上，一定存在着**某句话**。
这句话，我只要能说出来，就能顺利解决眼前的问题。

所以才有这么多人，喜欢问**"怎么说"**。
多数教沟通的课程，也都在强调**"怎么做"**。

"拒绝对方的万用公式。"
"安慰别人的四个步骤。"
"一句话，轻松搞定客户。"
这感觉，就像在教咒语。
只要麻瓜们熟记几个步骤、几套说辞……
见了人，照着说一遍，问题就能解决。

● 开 口 之 后

而这也正是为什么,我会想要写这本书。

因为我希望,借此普及一个观念:

绝大多数的沟通问题,重点,都不是卡在"怎么做"。

而是卡在了,我们没搞懂问题"是什么"与"为什么"。

"这真的,是个问题吗?"

"为什么对你来说,这会成为问题?"

以上两件事,都不涉及话术、技巧或行动。

但重要性远高于**怎么做**。

● 学观念,不要学技巧

为什么我不太建议,直接去学沟通技巧?

理由之一,是因为沟通的复杂性。

好比做菜,萝卜排骨汤。

市面上的菜谱,完全可以手把手地,多少盐、多少姜、几根萝卜、几斤排骨,一步一步,教读者怎么做。

毕竟,萝卜就是萝卜,排骨就是排骨。

你家买的盐，跟我家买的姜，差别都不大。

做出来，八九不离十。

但在沟通中，人们面对的场景，几乎没有一样的。

好比"如何拒绝朋友借钱"。

我看过有些书，会给出公式，要读者记住三步骤：

"**正面拒绝＋指出难处＋表示同情**"。

说是用这一招，就能拒绝对方，又不伤感情。

对此，都不用特别吐槽。

大家只要在脑中，各自代入实际生活，就会发现在沟通中，面对不同的对象、不同的个性、不同的交情、不同的场景——

得到的反应，根本天差地远。

光想靠着公式拒绝，效果会很玄。

且这种公式，总让我想起熊浩提到过的一次经历。

他说自己曾在应酬中，被一位刚认识的朋友敬酒。

而那位朋友，看起来，应该是刚学了一些敬酒时的套话。

好比什么"**感谢＋理由＋祝福**"之类的。

● 开口之后

怎么看出来的呢？

因为事到临头，或许是多喝了几杯，也或许是太紧张。

以至于那老兄在敬酒时，居然一不留神，直接就把自己硬背起来的公式，脱口说了出来。

"熊浩老师，这个我……感谢……加理由加祝福……"

是的，沟通所面对的，是复杂的人。

咱们，不是萝卜与排骨。

● **真正阻碍沟通的，是情绪**

为什么不鼓励学技巧？

理由之二，是大多数的沟通困扰，与**说话**无关。

"如何拒绝朋友借钱？"

"如何拒绝主管要我加班？"

"同事找我帮忙，该如何说'不'？"

像这类问题，每次听到，我都会很想反问对方：

"请想想，当你在苦恼于'如何拒绝'的时候——阻碍你的，真的是口才吗？"

前言：写在开头

难道，是有什么**外来**的神秘力量？
让你的嘴巴，不受控制，硬是无法说出"不"这个字。
以至于，需要向我求助？

显然不是，对吧？

恰恰相反，那些不知如何开口的人……
他们事实上，都是被自己的**内在**，堵住了嘴。

也就是说，每当他们想要拒绝时，内心便会不由自主地，开始感到**愧疚**、**紧张**、**尴尬**、**自责**，会觉得**不好意思**，会觉得有压力，会觉得自己**辜负**了对方。

甚至有些人，在试图找借口推托的同时……
还会觉得有**罪恶感**。

这就是所谓"被自己的内在，堵住了"。

而如果，你本身在情绪这关，是卡住的。
那么，无论别人教你背了多少话术、编了多少借口。
临到头来，由于愧疚、尴尬与罪恶感，你还是无法开口！

开口之后

因为你的问题,不是**不会说**,而是**说不出**。

又好比,还有很多人会问:
"跟家人有矛盾,该怎么办?"
"伴侣不懂换位思考,该怎么办?"
"合作方的态度特别强势,该怎么办?"

唉,像这种问题,甚至都不用教。
随便哪个人听了,都会一脸语重心长地告诉你:
有矛盾,就该大家一起坐下来,好好谈,好好沟通嘛。

大道理,谁都懂。

然困难之处,便在于即便道理都懂。
但只要彼此的对话,一触及矛盾……你还是会不由自主地感到**气愤**,感到**失望**,感到**委屈**。

会在冲突中感到胸口一窒,如鲠在喉。
会觉得"你怎么可以这样对我!"。

最后，忍不住掀了桌子，大吼大叫。

在这种情况下，教你"**怎么说**"，意义不大。
因为你真正的问题是，情绪来临时，那些在平日身为旁观者会说的漂亮话……此刻，说不出口了。

关于这点，感触最深的，是我看《再见爱人》的时候。
这档真人秀节目，会邀请三对已经离婚或者正有打算要离婚的夫妻，共同进行一趟十八天的旅行，探索彼此的矛盾。

而我发现，旅程中的每一位嘉宾……
无论在其自身的婚姻中，所面临的沟通问题，有多严重。
但只要一分析起其他嘉宾的婚姻，坦白说，眼光都非常准！
相互给彼此的建议，也都有模有样。

可见，一旦事不关己，说起话来，不被情绪遮眼。
则我们每个人，都会是沟通专家。

这也解释了，我为什么特别烦那些网上流传的"吵架金句"。
"我肠子直，开个玩笑，你不会介意吧？"
"知道你肠子直，但也不能用嘴拉啊！"

● 开口之后

像这种段子,貌似精彩、犀利。
却不过是脱离了当下情绪,事后诸葛亮的结果。

就像是,如果让你在兴致勃勃的状况下,钻研一整晚。
跳脱自身,慢慢在脑子里编台词、想应对……
信不信,人人都会是吵架高手。

● 这本书要写什么?

去了解问题**是什么**(What)。
才能看清那些沟通背后,遇到了什么样的内在干扰。

去分析问题**为什么**(Why)。
才能找到一个更好的方式,去处理那些干扰。

就像,比起问"如何拒绝朋友借钱?"。
更重要的,是去搞懂——
"这问题的本质,真是因为沟通,还是因为恐惧?"
"为什么,我会这么害怕说'不'?"

观念，比起技巧，更有助于解决内在干扰。

所以，相较于那些常见的教学书。

我更想写的，是一本谈**观念**的书。

而在我的想象中，这本观念书，应该分成三部分。

第一部分：开口之前，我都在想些什么？

在这个主题里，我会分享五个沟通的核心观念：

事实与评价；

善意假设；

创造选项；

改变与接纳；

透明与一致。

这五个核心观念，不是传统上的那种说话技巧。

却能在极大程度上，改变一个人面对沟通时的态度。

进而，改变他与外界的互动方式。

尤其是，听我讲过课的同学都知道……

我一直强调：**凡是我教的，都是我用的。**

而这里提到的每个观念，都在真实生活中，深深地帮助过我。

● 开口之后

第二部分：这些"沟通问题"，其实不是沟通问题。

在这个主题里，我会谈谈那些经常被人"错认"的沟通问题。

因为我发现人与人之间，有太多关于**情绪**的问题、关于**立场**的问题、关于**偏见**的问题、关于**错误期待**的问题、关于**自我认知**的问题、关于**现实权力**的问题……这些问题，本质都不是沟通问题。

但它们最后都会因沟通中的摩擦，而被人发现。

以至于人们误以为，问题出在沟通。

就好比，都知道"贫贱夫妻百事哀"。

夫妻之间，总是吵架，你说，这是**沟通**的问题吗？

不，这更多是**贫**的问题。

不看见贫，不解决贫，两人再怎么学好好说话，用处也不大。

这就是为什么，我很喜欢一句话：

沟通，是一切问题的"呈现"方式。

第三部分：这些沟通问题，跟你想的不一样。

在此，我会介绍一些新的途径，去解决那些传统的沟通问题。

也会提到许多，我自己也踩过的雷区。

放心，我不会教你去背步骤一、二、三。
相反，我会教你怎么去看问题。
教你怎么建立一套，关于理解沟通问题的想法。

就像王家卫的《一代宗师》，这部电影我特别喜欢。
里头印象最深的，是与叶问金楼搭手时，宫宝森的一段台词：
"江山代有人才出，幸会叶先生是有缘。"
"今日是我最后一战。咱们今天不比武功，比想法，如何？"

武功，我不懂。
但我非常确定：好的**沟通**，背后都有一套好的**想法**。
观念变了，人就变了。
人变了，说的话自然也就变了。
很多事，结果便因此变了。

念念不忘，必有回响。
希望这本书，能为你带来，哪怕是一点点的改变。

○ 比起"对象",言语所谈论的,更多是反映说话者"本身"。

第一部分

开口之前,
我都在想些什么

PART ONE

● 开口之后

开头说过,我这个人最大的缺点,就是好为人师。
而好为人师的关键,就是不能讲太久。
否则,别人嫌啰唆。(笑)

所以在生活中,每当遇到一个特别重要、特别有意思,觉得很值得滔滔不绝,大说特说的话题时……
我都会特意问自己:
关于这个主题,如果只有半小时可以分享,我会说些什么?

如果,**只有十分钟**呢?
有哪些枝节,可以删除,又有哪些关键,是必须保留的?

再如果,时间真的不够,只能跟大家分享三句话。
甚至,**只能教一句话**呢?
那句话,会是什么?

这个过程,称为提取核心观念,是一种很好的思考练习。
我也常拿这问题,去叩问身旁不同专业的朋友。
"关于保险,如果只能谈一句话,那句话,会是什么?"

"关于**健身**,如果只能学一件事,你认为,那是什么?"

同样,关于沟通,如果只能分享一个观念。
那么,我认为这个最核心的观念肯定是:
永远要学着,去分清"事实"与"评价"。

看到这里,相信有些朋友已经忍不住要吐槽。
他们会觉得,这不就是一个基本常识吗,还要你说?

等等,且听我把这句话掰开、揉碎,解释给大家听。

1. 事实与评价

首先,你要了解大多数人的语言习惯。
当人们说话的时候,说的往往都不是**事实**,而是**评价**。

什么是评价?
评价,就是"真正的事实"与"当事人的期待"两者之间的差距。

好比在课堂上,我常让同学试着,去描述一颗"苹果"。
通常,他们会怎么说呢?

● 开口之后

"这颗苹果很甜。"
"这颗苹果好贵。"
"这颗苹果是红的。"
有没有发现,这些描述……
所表达的,几乎都是**事实**与**期待**的差距。

"这颗苹果很甜。"
意思是,这颗苹果的甜度,超出了我(对一般苹果)的预期。

"这颗苹果好贵。"
意思是,这颗苹果的售价,没有满足我(对价格)的期待。

甚至,从客观上来看,即便说"这颗苹果是红的"。
这句话,也是一种评价。
意思是,这颗苹果的颜色,符合了我内心(对红色)的标准。

所以你要知道:
在人们的日常交流中,"事实"所占的比例,其实非常非常低。
大家说来说去,真正在交换的,只是各自的评价。
或者,说得更直白一点,都是各自期待的**落差**。

就像，我说某歌手得过**音乐奖**，这是事实。
但我说某歌手的歌**好难听**，这是评价。
意思是，某歌手的歌，没有达到我（对歌曲）的期待。

而这个评价背后，所呈现的信息是"我"。
所谈论的，是我的期待、我的念想、我的标准、我的落差。
这与这位歌手，毫无关系。

且这世界上，绝大多数的争吵、绝大多数的不愉快……
都是因为有很多人分不清这个差别。
他们把自己的期待，或别人的期待，当成了一种**事实**。
于是，吵成一团。

● 藏在话语里的"我"

就像在学校，有位老师声称：
"王小明，是个坏学生。"

这时候，人们的眼光，会往哪里看？
很显然，一定都是朝着王小明身上嘛。

● 开口之后

我们会去关心,看看小明怎么了;
会去询问,想知道小明干了什么事;
会好心建议,教小明下次要怎么改进。

但事实上,这句话,跟小明有关吗?

"王小明,是个坏学生。"
这一句,翻译成白话,意思明明是:
"王小明的表现,我觉得,低于'我的'标准。"
"王小明的行为,我觉得,不符合'我的'期待。"
"王小明的态度,我觉得,超出了'我的'忍耐限度。"

你看看,这话里,到处充斥的,明明都是"我""我""我"啊!
谈论的,明明都是我的标准、我的期待、我的习惯与偏爱。

但当这些话对外界说出口的时候。
里面那些关键的"我",却很奇妙地消失了,不见了,隐形了。
众人眼前……只剩下一个孤零零的"王小明"。

以至于,人们只能讨论王小明,检视王小明,分析王小明。

最后，再认认真真地，想要去改变王小明。

比起"对象"，言语所谈论的，更多是反映说话者"本身"。
而在人际沟通中，能有意识地察觉这一点……
就等于掌握了一个大杀器。

就像日本有位从商的艺人，事业亨通，非常威风，有新进员工就请教他："您也曾经被说过是'没用的后辈'吗？"

言下之意，就是这小伙子最近被老员工训了一顿，被骂是"没用的后辈"。现在他看老板自信十足，就很想知道，一个自信的人，会怎样面对批评、消化批评？

对此，这位艺人的回答很有意思：

"有啊，我也被人这样说过。

"但我想，对方真正说的，应该不是我，而是强调他'没有能力管理像我这样的人'吧！"

换言之，就像"小明是个坏学生"一样。
这老兄，的确也很熟悉语言的本质。
且同样道理，我猜当年那位前辈，若有机会，恐怕也会反唇相讥：

● 开口之后

"从他的回答,你就能看出这家伙多难管了吧!"

● **练习把评价转换成事实**

所以,学会区分事实与评价。
就等于学会了如何去重新**翻译**别人的话。
这能力,可以帮我们减轻无数内耗,穿越无数迷障。

而这观念也影响了我自己的说话习惯。
比如说,吃榴莲。
我以前,一吃就皱眉,觉得"哇,榴莲好难吃啊!"。

现在,虽然也是一吃就皱眉。
但我的表达方式已经变成了"哇,我实在吃不惯!"。

你看,说"榴莲好难吃"跟说"我实在吃不惯"。
这两句话,意思好像都一样,对不对?

但前一种说法,是把自己的评价,当成了事实。
会让别人觉得,你是在描述某种,属于榴莲的特质(难吃)。

后一种说法则强调了这件事与榴莲**无关**。

是"我"不懂,是"我"没有能力,去感受榴莲的美味之处。

换言之,我没有评价榴莲。

我是在描述一个关于**自己**的事实(吃不惯)。

可别小看了这种表达方式的威力。

就像,很多家长会说:"你这孩子,总是让人操心。"

但另一种说法,却是:"我这个人,总是容易为你操心。"

又像,很多人会怒斥:"你这个人,什么事都做不好!"

但实际上,可能是:"我对你的期待,会让我很痛苦。"

就像我曾看过一个关于拒绝别人感情的例子,说的是:

"他是个好吃的,可惜我现在是饱的。"

有没有感觉到,差别很大?

前者,是评价。

后者,则是一个特别温柔的事实。

● 开口之后

是的,别被那些常见的形容词骗了。
别老说事实是"冰冷的"。

并不是这样。
真正的事实,反倒最温柔。

● 一切良好沟通的基础

试想一下,如果要让你列出一张清单。
写下那些,形容"良好沟通状态"的关键字。
你会写什么?

通常人们提到的词语,会包括——
开放的、坦诚的、理性的、友善的、化解冲突的、避免误解的、明确的、共情的、舒服的、容易建立共识的……

而仔细看看,就会发现——
上述这些关键词,几乎每一项都建立在前面提到的基础上。

因为愿意谈"事实",所以就会是坦诚的、理性的、明确的、化解冲突的、容易建立共识的……

因为知道，那只是个人"评价"，所以才会是**开放的、友善的、共情的、舒服的、避免误解的**……

没错，就是那个我最喜欢问自己的老问题——
关于沟通，如果只能谈一句话，那句话，会是什么？
答案是，分清事实与评价。

2. 善意假设与恶意假设

善意假设与恶意假设。
在沟通中，这是第二个对我产生重大影响的观念。

而要解释这个观念，最好是先给出一个场景。
所以，请试想一下——
今天，你受到邀请，去参加一个讲座。

上台前，主持人隆重介绍，把你的头衔捧上了天。
"让我们一起欢迎说话高手、表达专家黄执中黄老师！"
于是，顶着全场热烈掌声，你站上讲台。
下面，黑压压坐着几百人，个个眼睛都盯着你。

● 开口之后

你带点紧张,聊了几句活络气氛的笑话,准备开始演讲。却没想到,讲到一半,就有观众在下面举手。

"我发现刚才您那句话读音读错了。"
站起来的老兄,笑着脸,拿着递过来的麦克风接着表示:
"'挑剔'的'剔',这个字,读音应该是'ti',而不是'剃'!"

哇,在现场,几百人看着呢……
这一刻,你脑中会怎么想?会打算怎么回应?

● **善意假设下,选择接纳**

而你的回应方式,往往都取决于你对眼前情况的解读。
看你用的,是**善意假设**还是**恶意假设**。

所谓**善意假设**,意思就是:
我假设现场的观众,在态度上,对我是**喜欢**的、**支持**的;
我假设他们,来听演讲,都是因为对我有**好感**;
也因此假设,面对失误,他们是会**包容**、能**体谅**的。

第一部分　开口之前，我都在想些什么

于是，带着这套假设，我在解读当下情况时：
就会觉得，那位指正我读音的老兄，并没有什么恶意；
他应该，只是单纯想借着机会，跟我多点互动。

即便他的方式，让我有点尴尬。
但这多半，也是因为他太过热情，所以没注意到台上人的处境。

至于其他观众，更不必担心。

"挑剔"的"剔"，读错了音……
这种小事，大家只会一笑置之，不会改变对我的喜欢。

所以，在善意假设下，我的回应，就可以是大方承认：
"啊，抱歉抱歉，我读错了，我这个人啊，老是读错音。"

或是将对方行为视为一种帮助，对此表示感谢：
"哇，感谢提醒，不然这个字，我这辈子应该会一直错下去。"

甚至，也可以毫不介意，选择自我调侃：
"喂喂喂，人家主持人刚刚才介绍，夸我是表达专家……"

● 开口之后

"老兄,你怎么当众拆台啊!"

你看,这些回应,并不是因为我的个性大方、自信。
而是源于,一开始,我选择了**善意假设**。

当然,有些朋友可能会说,这个假设,又不一定是真的!
是的,我也知道,不一定是真的。
所以,才说是"假设"嘛。

假设,就是当人们还不确定事实为何的时候。
所预先选择的一套面对外界现象的解释。

● 恶意假设下,选择防御

相反,所谓恶意假设,意思就是:
我假设现场的观众,在态度上,对我都是**质疑**的、**挑战**的;
我假设他们,来听演讲的动机,都是带着某种**检视**的目光,想看看我这个所谓的说话高手,是不是徒具虚名。

也因此假设,面对失误……

第一部分　开口之前，我都在想些什么

他们是会**嘲笑**、会**死咬不放**的。

于是，带着这套假设，去解读当下情况时，我就会觉得：
那位指正读音的老兄，是故意来踢馆的；
目的，是让我在众人面前，出乖露丑；
他好借此机会，显示自己高人一等。

至于台下观众，此刻，恐怕都在暗中窃笑，等着看好戏。
他们觉得一个说话高手，连"挑剔"的"剔"都会读错！
简直贻笑大方！

故在恶意假设下，我的回应，便会显得"事关重大"。

面对问题，我必须否认，必须辩白，必须嘴硬。
也许，找个借口：
"太多人这么读，我这是刻意从俗。"
或者，当成误会：
"不是我说错，而是你听错了！"

而如果，不能轻描淡写，便转移话题——
"嗯，我看看现场，还有没有别人想要提问……"

● 开口之后

那么,就得质疑对方的动机,反唇相讥——
"你知不知道自己这个举动,正在耽误全场几百个人的时间?"

同样,这些回应,并不是因为我死要面子,或个性偏激。
而是因为,在**恶意假设**下,我不得不选择"防御"。

● 假设改变真实

有趣的是,善意与恶意,一开始,可能真的都只是个**假设**。
没人能确定那位提问的老兄,或现场观众,真心是怎么想的。

然而,当一位讲者,基于善意假设,在问题面前大方认错,感谢提醒,且不介意自嘲两句时。
身为台下的观众,你会怎么看?

通常,人们会因此**喜欢**他,**支持**他,对他产生**好感**。
就算,那些原本可能真的想要质疑他的人。
看到这态度,也会点点头,觉得改观了。

换言之,那原本只存在于"假设"的善意。
经过互动,成为"真实"。

相反，当一位讲者，基于恶意假设，在问题面前不断自我防御，不停扯皮、抵赖，试着转移话题，甚至反唇相讥的时候。

身为台下的观众，你又会怎么看？

通常，人们会对他**质疑**，企图发起**挑战**。
会想要进一步**检视**这个人……是否真的名副其实。
于是，那原本只是"假设"的恶意。
在互动之后，也变成了"真实"。

就像"鸡汤文"最爱引用的，那句亨利·福特的名言：
"无论你认为自己做得到，还是做不到，你都是对的。"
这个过程，便是最典型的自我实现预言。

内心假设，透过外在互动，塑造了他人的看法。
他人的看法，又透过反馈，印证了一开始的内心假设。

"我猜得果然没错，对方是喜欢／讨厌我的！"
因而下次，人们便会更用力地，拥抱原本那个假设。

开口之后

一级预测与二级预测

生活中,有一种类型的沟通问题,是像这样:
"觉得同事在背后说我坏话,怎么办?"
"在公司里被人排挤,该怎么应对?"
"毕业后,感觉同学之间越来越疏远,很难过。"

过去,每当被问到这类问题。
十有八九,我都会要求对方……先丢开自己的假设。

是的,永远不要轻易猜想,觉得别人在讨厌自己。

因为,在真实世界中,我们对外界的预测,可以分成两种。
第一种,被称为一级预测,指的是预测过程,本身不影响事件结果。

好比,抛一枚硬币。
就算有一万个人,猜的都是正面。
最终结果,也不会因为这些猜测而改变。

另一种,被称为二级预测,则恰恰相反。
指的是事件结果,会明显受到预测过程的影响。

第一部分 开口之前,我都在想些什么

好比,如果所有投资人,都预测明天的股市,一定会涨。
那么,在这种氛围下,股市就的确更可能会开红盘。

天气预报,是一级预测。
而猜想别人对自己,是善意或恶意……
这种事,恰恰是标准的二级预测。

因为人的态度,是由互动产生的。
抱着什么样的假设,就会产生什么样的互动。
这种效应,在人际沟通中,特别明显。

你若觉得,与朋友之间,彼此已经疏远了。
那么见了面,你的动作,就不会太热情。
听到赞美,你就会觉得,那只不过是一种客套。

就算,你想展现善意……
也会开始担心,怕自己热脸贴着冷屁股,会不会显得太卑微。

而不管朋友的疏远,这件事,是不是真的。
在这样的互动下,疏远,已经成为事实。

● 开口之后

● 不要轻易预设对方的意图

都听过,那个《疑邻盗斧》的故事吧?

"人有亡斧者,意其邻之子。视其行步,窃斧也;颜色,窃斧也;言语,窃斧也;作动态度,无为而不窃斧也。
"俄而抇其谷而得其斧,他日复见其邻人之子,动作态度,无似窃斧者。"

"我向来不惮以最坏的恶意揣测别人!"
早年在网上,常看到许多年轻朋友,以一种"看穿一切"的姿态,以一副世故姿态,化用这句鲁迅先生的名言。
且通常是用作某场骂架的开头。

但读过鲁迅的人都知道,这句话,来自一个独特的时代背景。
以至于,见到这个带着悲痛的假设……
被用在今天的生活中,成为恶意的借口。
令人特别遗憾。

与之相比,我们不妨也听听另一个,关于纳尔逊的故事:

第一部分　开口之前，我都在想些什么

美国副总统纳尔逊，有一次跟一位年轻政客出席活动。
当他们搭着敞篷车，经过群众时……
纳尔逊表示，说要教这位年轻人一课。

纳尔逊把一只手伸出窗户，朝人群摇一摇。
人群看到副总统，就也跟着摇手招呼。

接着，纳尔逊摇晃整只手臂，用比较夸张的方式挥手。
人群的反应，变得更加热烈。

纳尔逊再把身体转向侧面，双手高举，大幅向民众挥手。
民众反应非常大，开始发出欢呼，欢迎副总统。

最后，他把身体伸出敞篷车顶，使劲挥手，笑容满面。
这举动，引起民众热烈回响。
还有人高举美国国旗，奋力摇动。

"看到了吧，百试不爽！"
坐回车内后，纳尔逊这样跟那位年轻人说。
"你怎么对待人，他们就怎么对待你。"

● 开口之后

所以，在沟通中，我总是习惯性地，先对他人保持善意假设。

关于这一点，就算你要笑我太天真……

我也接受。

因为我看过太多人，是怎么抱着恶意假设，在身边的互动中，浑身带刺，充满戒备……最后一步步地，与他的周遭玉石俱焚。

实在太可惜了！

我始终相信，沟通的威力。

我相信，善意是可以创造的。

我更相信，一个以假设对方心怀善意为前提的沟通。

最终获益的，会是自己。

3. 学会创造选项

曾听过一个段子：

有人拿着一局残棋，请教专业棋手，问如果换作他的话，接着该怎么下，才能反败为胜？

棋手看完，摇摇头，表示他也不知道。

第一部分　开口之前，我都在想些什么　●

"不说是高手吗？怎么连你也不会？"
提问的人，语气有点不满。

"因为一开始，我就不会让棋局变成这样……"
棋手摊摊手，无奈答道。

而这个段子，之所以让我印象深刻——
是因为它在我的真实生活中，不止一次发生。

多年来，课堂上的同学，都知道我很喜欢分享一句话：
"善弈者，通盘无妙手。"
意思是，你去看看，那些善于下棋的人。
就会发现，在整局对弈中，都是没有所谓"绝招"的。

因为绝招，或者说必杀技。
这些操作，意义都在于使出之后，能"逆转困境，反败为胜"。

但善于下棋的人，他所努力的方向——
恰恰是让自己，不要落入需要被*逆转*的困境。

● 开口之后

● 是非题的困境

生活中，会被问到的沟通问题，通常都与"困境"相关：
"工作都已经非常忙了，老板还要我们在年会上跳舞。
"实在不想参加，要怎么拒绝？"

像这种问题，就是典型给出一个困境，问我怎么办。
提问者，想借此学会一套说法……好让自己能在这个参加或不参加，二选一的难题中，获得想要的东西。

但真正的沟通，不是这样用的！
沟通的功能，不是让人心想事成……
而是能让一个原本的"是非题"，变成"选择题"。

是的，我发现那些会把"困境"抛来，问该怎么解决的人。
有很大比例，都是习惯用是非题来看世界的年轻人。
他们的共通之处，就是在困境中，总觉得自己只有两条路——
好或坏，对或错，要或不要，去或不去……

"老板要我加班，很困扰，不想去，要怎么说？"
"老妈催我相亲，好讨厌，不想去，该怎么拒绝？"

在他们眼中，生活中的难题，都是没有选项的**是非题**。
我若不能**拒绝**，那就只得答应。

关于这点，国外有份针对**日常决策**的研究，说得更透彻。

在完成 105 份访谈后，菲什霍夫（Baruch Fischhoff）发现：
日常决策中，有 65% 的年轻人，只会提问"单一"选项。
好比"我明天该不该翘课？"。

而另外 30% 的人，则会有"两个或较明确"的选项。
好比"我该挑黑色还是白色的裙子？"。

最后，仅有 5% 的年轻受访者……
他们的决策方式，被菲什霍夫称为是在"寻找或设计选项"。

● **寻找或设计选项**

换言之，比起不断苦恼**是或否**、**该不该**……
有些人的沟通习惯，就是会有意识地，试着去**创**造更多选项。

好比"工作非常忙了，老板还要我们在年会上跳舞"。

● 开口之后

这时,除了讨论要"怎么拒绝",还能讨论什么?

其实,我们更可以试着讨论:

(1)因为工作非常忙,还得去跳舞……所以到时候咱们跳的舞,可不可挑个简单一点、不用花太多力气排练的?

(2)因为工作非常忙,还得去跳舞……所以这个年会跳舞的环节,可不可以稍微短一点,别占用太多时间?

(3)因为工作非常忙,还得去跳舞……所以不管上台后表现如何,可不可以多多包涵,期待放低一点?

(4)因为工作非常忙,还得去跳舞……所以可不可以多派两个实习生支援一下项目?

你看,以上这些选项,都是可以谈的,对吧?
且我相信,熟练之后,你绝对能找出更多选择。

这就是我一直强调的:
成熟的人谈问题,沟通的重点,是"还能怎么选";
不成熟的人谈问题,沟通的重点,是"我该怎么做"。

同样的道理,在分析了 168 个企业、非营利机构跟政府的决策案例后,保罗·纳特(Paul Nutt)发现:

当决策的形式是那种"要不要做"的是非题时——

长期来看,会有 52% 的决策是失败的;

但当人们处理的,是拥有两个以上选项的决策时——

失败的概率,就会降到 32%。

为什么是非题的态度,容易让决策失败?

纳特教授的解释是:

因为只有单一选项时,人们就会把大部分的时间与精力,用来考虑该怎么搞定这件事、该怎么说服别人接受。

而不是去思考:还有没有更好的选项?还可以做些什么?

"我该怎么拒绝?"

"我该找什么借口?"

"我现在要怎么说'不'?"

换言之,绞尽脑汁,思考这些问题的过程……

就是一种自我窄化,抹杀其他可能性的过程。

开口之后

● 拒绝,就是斩钉截铁地拒绝?

有趣的是,有一次我在网上,分享了这个观念。
底下有网友留言,表示非常不同意。

当时,他的原话是:
"作为一个'头铁'年轻人,非常不喜欢拒绝和答应之间的灰色地带,拒绝就是斩钉截铁地拒绝,不喜欢的事绝不勉强自己!"

这说法,听起来很个性、很潇洒。
确实让我反思了一秒,怕自己是不是中年油腻了。

但细想之下,发现更讽刺的地方在于:
如果,你真的不想勉强自己,又不愿意,去创造选项。
那么最后的结果,恰恰就会变成……你在没有选择的情况下,永远只能勉强做一些自己不喜欢的事。

怎么说呢?

你想想,什么样的人,会特地跑来问"该怎么拒绝"?
那往往,都是一些在想拒绝的时候,缺乏**筹码**的人。

第一部分　开口之前，我都在想些什么

就好比，如果开头提问的那位朋友，因为脚受伤——都已经打上石膏（充足的筹码），坐轮椅了。

那么，他要拒绝去年会跳舞，一定很容易。

完全不用纠结，该怎么开口。

相反，那位朋友一边表示"工作都非常忙了"。

一边还要问"该怎么拒绝"。

这多半就代表着，他虽然忙，却也没忙到那个地步。

或是公司里，大家都忙……

所以光说自己忙，筹码不够大。

由于手上的筹码，不足以拒绝。

才会四处问，我该怎么说。

对不对？

这时候，回到之前留言的那个**头铁年轻人**。

他说，自己非常不喜欢拒绝和答应之间的灰色地带。

此时，若把当事人，换作他。

老板叫他，去年会上跳舞……

● 开口之后

而他筹码不够，又不愿创造其他选项。

那么猜猜，最后十之八九，结果会怎样？

再好比，假如今天我去跟老板谈加薪。
身为一个**头铁的年轻人**，我喊出一口价——加三千！
且这结果，**只能**是拒绝或答应。

我表示，由于自己非常不喜欢拒绝和答应之间的灰色地带。
所以拒绝，就要是斩钉截铁地拒绝。
答应，就得是义无反顾地答应。
老板，你选一个吧！

这时候，你猜猜，答复会是什么？
十之八九，咱们只能摸摸鼻子，得到一个斩钉截铁的拒绝。
对不对？

所以，那些不愿意（或不习惯）创造选项的人，虽然看起来好像很有性格、很潇洒、很有态度……
但实际上，他们在沟通中，却恰恰是最身不由己的。

说到这里,附带一提:

我有位善用譬喻的学弟,叫哲耀。他在看到这位**头铁年轻人**的留言后,有感而发,表示这位永远只考虑答应或拒绝的**头铁年轻人**,行为就像去买东西时,只肯付整张大钞,不肯找零……

那要么,是买东西会亏很多钱。
要么,是不甘心亏钱,就只好放弃很多想买的东西。
特别可惜。

● **不能改变方向,但能增加选项**

说到这里,让我们把这观念,再推深一层:
在生活中,有些筹码,你要用来**达成目标**,或许不够。
但若要用来**增加选项**,是够的。

什么意思?

你说,你用"工作很忙"当理由,**不想要**在年会上跳舞。
这筹码,或许不够力。
毕竟,如果你可以因此不跳。
那么大家都喊忙,都不跳,这还办什么年会?

● 开口之后

可是,由于工作很忙,所以我用它来**争取选项**。
比如跳简单一点的舞。
这筹码,就可能是够的。

又好比,以我的工作表现,说要加薪三千,这筹码或许不够。
但如果我能用有限的筹码,争取比较好的办公条件呢?
又或是,希望能争取机会,挑选自己想做的项目?

就像我永远记得,老爸当年跟他公司争取的,不是升职加薪。
而是一个特权,叫作"上班不用打卡"。

因为我老爸很讨厌早起,但业绩还不错。
所以他说,与其用这点业绩,挤破头去争取升职加薪。
还不如争取一个能睡晚一点,不用打卡上班的**作息自由**。

所以同样的道理,那些资深销售人员,常常会告诉菜鸟……当顾客对产品,表现出**犹豫**时,不用太过担心。
你看,他会犹豫。
就代表,他有一点点动心,对不对?

这,就是你的筹码。

虽然这筹码，并没有强烈到能让他**直接掏钱**。
但或许，已经可以为你**增加选项**。

只不过，在**买**与**不买**之间，还能有什么选项呢？
对那些只会解是非题的**头铁年轻人**来说……
他们常常就卡在这里。

● **替换问题中的人、事、物**

在此，分享一个拆分选项的小技巧：
替换问题中的"人""事""物"。

首先，假设一个场景：
你身为销售，面前的顾客正在犹豫，不知该不该买一件上衣。
这时，请别一门心思，只想着"我该怎么让顾客买上衣"。

拿到问题，先把"人""事""物"分别标出来。
也就是，我该怎么让**"顾客""买""上衣"**。

标出来后，咱们先试着……
从"人"的角度，去增加选项。

● 开口之后

换言之，除了"该怎么让**顾客**买上衣"。

这个问题，也可以改成是：

"能否让顾客，**劝某人送她**这件上衣？"

"能否让顾客，**跟朋友合购**这件上衣？"

"能否让顾客，想起**身边有谁**，更适合穿这件上衣？"

你看，只要愿意打破"人"的限制（顾客）。

其他的沟通选项就会一一浮现。

对此，印象最深的一个案例，就是一位日本导演。

他说自己年轻时，遇到过一个保险业务员，跟他推销寿险。

当时，这位导演推辞："我还年轻，不需要。"

没想到，那位业务员却话锋一转，表示：

"别误会，我不是为了您……

"我是为了那个您所珍惜的人，才向您推销的。"

● 观念变了，问题就变了

当然，有些朋友看到这儿，心底可能会有个声音吐槽：

"怎么可能，哪有顾客会跟你谈这些！"

"所以,我只能讨论顾客该不该买,只有这一条路而已!"

这时候,请先忍着。
先别理会这些想让你窄化选项的小声音。

接下来,咱们再试着从"物"的角度……
去增加沟通选项。

也就是"这件上衣好不好?"。
这个问题,也可以延伸为:
"除了这件上衣,还有没有类似的'平替'?"
"有没有搭配的外套,可以让这件上衣加分?"
"能否改用这条长裤,达到上衣想要的修身效果?"

你看,进一步打破了"物"的限制(上衣)。
可能的沟通选项,进一步增加了。

而如果,将"人"与"物"的选项,交替结合。
沟通起来,主题可能就会变成:
"我推荐一件外套,能将这件上衣搭配得更为出色……"
"您或许可以跟姐妹一起,各买其中一件,彼此分享着穿。"

● 开口之后

是的，借由拆分选项，让自己的沟通空间，变得更大。
读到这儿的朋友，也不妨合上书，做个练习。
试试看生活中的其他决策，在沟通中，你还能找出多少选项？

练习过后，再回头看看，那个一开始的提问：
"工作已经非常忙了，老板还要我们在年会上跳舞。
"实在不想参加，要怎么拒绝？"
有没有发现，同样的困境，重点已经完全变得不一样了。
这，就是沟通观念的差异。

4. 改变与接纳

常被询问的沟通问题中，有另一类，是与"**改变**"相关。
我总听不出别人的话外之音，怎么改正？
我经常把天聊死，还被吐槽"干吗这么认真"，怎么办？

换言之，面对缺点，提问者想要获得一套方法……
让自己能变得更好、更理想。

对此，我常想起早年听过的一个国外咨询师的调侃。
他说："总有人来问我，要如何让自己变得开朗，要如何不再胆怯，要如何找到生命中的热情……

"但从来没人问过我，要怎么获得一台冰箱。"

什么意思？

因为冰箱的价格，都是清清楚楚标在上头的。
好比一台双门冰箱，两千八。
所以，想买冰箱的人，有钱就付，没钱也不用多问。

而相比之下，如何让自己变得**更开朗**，如何**不再胆怯**，如何建立**安全感**，如何找到生命中的**热情**……

这些东西背后，由于没有明码标价。
所以常会让人，忽略代价。
甚至，误以为是**免费**的。

以至于，没人会问要怎么获得一台冰箱。
却有太多人兴致勃勃，想问要怎么让自己，获得**人生方向**。

我总听不出别人的话外之音，怎么改正？
我经常把天聊死，还被吐槽"干吗这么认真"，怎么办？

● 开口之后

这种沟通问题,能不能解决?
真要问,能。

但这个"能"的背后,必然伴随着大量的练习、精力的投入……以及带有一定风险的试错与探索。

真要说起来,价格,恐怕比冰箱贵得多。

● 学会接纳

所以,与其不停追问如何**改变**……
我更建议的,是去学会**接纳**。

好比,觉得自己听不出别人的话外之音?
不用改!
且大概率,你也不愿花代价改。

取而代之,是不如以后见到人,先老实坦承:
"不好意思,我这个人听不太懂话外之音,所以如果有什么事需要让我知道,完全可以直说!"

甚至，还可以拿这个特点开玩笑：

"我这人的毛病，就是听不懂话外之音……说夸张点，别人指着和尚骂贼秃，我就算是和尚，都会傻傻地跟着笑。"

而在这个过程中，你展现了几个很重要的品质：
（1）你很**清楚**自己的缺点；
（2）你乐于**承认**（而非辩解），那是个缺点；
（3）你会主动**提醒**别人（而非遮掩），自己有什么缺点；
（4）你能**明确**告诉大家（而非两手一摊），要怎么跟你相处。

这几项特质，在人际交往中，非常加分。
它们带来的印象，远远高于"听不懂话外之音"的小减损。

● **能接纳，就会变得讨喜**

同样的道理，你觉得经常把天聊死，还被吐槽"干吗这么认真"。
不用改！
且大概率，你也没能力改。

取而代之的，是你要承认：
"我所扮演的，就是一个容易当真，以至常被吐槽的角色。"

● 开口之后

而只要,你能接纳自己的角色。
那很好,证明这个聊天,其实没聊死……
因为**被吐槽**,也是推动聊天的一种方式。

就好比,我老弟很胖,在家里有个绰号,叫"胖弟"。
小时候,每当有长辈来家里吃饭,但凡桌上冷场,觉得没话题了,大家就会拿我老弟开涮:
"胖弟现在几公斤啦?"
"胖弟啊,你要少吃点!"
"再这么胖下去,该怎么办啊……"

以前,我老弟对这种情况,颇为不满。
但他每次抗议,只会被我老爸笑着训一顿……觉得你就是这么胖乎乎的,为什么大家不能聊?

那怎么办呢?
两条路。
一条,是乖乖减肥。
另一条,是学会接纳。

所以,后来遇到同样的场合,我老爸讲:"我们家这儿子好胖。"

老弟就会刻意拍拍肚皮，笑称："没有这么胖啦！"

别人说："胖弟啊，你要少吃一点。"
他就会装傻回说："不是要少吃一点，是要少吃很多啦！"

所以你看，被吐槽，挺好，咱们就当捧哏嘛。
任何吐槽，只要你跟着一起笑，那就不是被嘲笑。

当然，我知道这么说，有些人可能会嫌不够。
他们会觉得，自己**真正的问题**，并没有解决……
就算接纳了缺点，但事实上，自己还是不会好好跟人聊天。

● 不能接纳的，才叫问题

对此，我想解释一下，什么叫"真正的问题"。
在人际沟通中，所谓的**问题**。
说白了，就是那些，我们**不能接纳**的部分。

一个人，不管是个性太认真、态度太刻意、嗓音太沙哑、上台太紧张、还是笑话太无聊……
只要他，无法接纳这件事；

● 开口之后

只要当别人指出来的时候,他会感到愤怒或丢脸:
那么这事,在他眼中,就会是一个问题、一个**缺点**。

甚至退一万步来说……即便是这个人,长得很好看——
但我们都知道,外貌好看,一样会遭调侃。
而只要,他不能接纳这些调侃。
那么,对这个人来说,就连**美貌**也会成为缺点。

所以,很重要的一个观念是:
我们人与人之间的交流,不怕有缺点;
怕的,其实是没特点。

缺点与特点,是一体两面。
就像一个人不抽烟不喝酒、不打游戏不打牌,早起早睡,三餐规律,不过于外向或内向,不过度乐观或悲观,不会太骄傲也不会太谦虚,不会太小气也不会太慷慨,不胖不瘦,不高不矮,不特别丑也不特别帅,不特别善良也不特别坏……

这种人,毫无特色。

而很多人,由于无法接纳自己的**缺点**,老是在问怎么改。

最后，就算花了大功夫，把缺点通通改没了。

说起话来，也变成了一个毫无个性、毫无记忆点的人。

那就太可惜了。

● 缺点与风格

这也就是为什么，在课堂上，面对那些想知道"如何建立个人风格"的同学，我都会跟他们说：

"在意你的内容，不要在意风格。

"只要内容好了，你的缺点，自然就会被当成风格。"

最简单的例子，就是脱口秀演员。

台上的演员，只要讲的段子好笑，那么他长得丑，就是风格。

只要段子好笑，他上台口音重，也是风格。

只要段子好笑，他上台面无表情，一样是种风格。

甚至，只要段子好笑……

就算他上台拿把吉他，不用说，用唱的。

也会被当成风格。

● 开口之后

相反，如果段子不好笑。
那么突然之间，长得丑、口音重、面无表情、拿吉他……
就通通都变成了某个亟须纠正的缺点。

风格，不是被"建立"的。
风格，是一个人的缺点，在被"接纳"后的结果。

这个"接纳"，当然一方面，是别人的接纳。
但更重要的，是自己得先接纳。

然后，你就会发现那些缺点——
既是一个人最鲜明的面貌，也是他最坚强的铠甲；
既是一种最真实的揭露，也是最好发挥的话题。

意思就是，遇到新朋友的时候，这个人，有机会坦露自己。
"跟大家说句老实话：我这个人的毛病，就是容易认真。"

有些话，只有这个人能说；有些问题，只有这个人能问。
"都知道，我这个人的缺点，就是听不懂别人的言外之意。"

甚至有些玩笑，会是这个人专属。

"哈哈哈,我这个人,就是擅长把天聊死。"

这一切,都来自有个缺点,你没改正。
而且,你接纳了。

5. 透明与一致

一提到**沟通技巧**。
总有许多人以为,那就是一种在语言上"精美包装"的技巧。
就像,当某人谦称自己**不会说话的时候**——
十有八九,他的意思,指的是"我无法把话,说得好听漂亮"。

以至于,一提到**学说话**——
许多人努力的方向,就是在学着怎么说虚话、水话、客套话。
最典型的,便是网上教的那些所谓"高情商发言"。

先说一句,"**高情商**"这个词,原本指的是一个人察觉情绪、理解情绪、面对情绪乃至处理情绪的能力。
这本是一种很真实、很健康的展现。

但不知何故,同样的概念,在网上传着传着,就变了味。

● 开口之后

人们渐渐以为,所谓高情商——
就是一个人能够"找到机会,趁机吹捧"。
好比应酬时,一聊到酒量,马上得接一句:
"酒量好不好,得看跟谁喝,跟您喝,那肯定不一样。"

或是以为,所谓高情商——
就是一个人能够"逆来顺受,忍气吞声"。
好比工作中,一听到别人说句"辛苦了",马上得接一句:
"不辛苦不辛苦,只要事成,再累都值得。"

甚至会以为,所谓高情商——
就是善于饰辞美言,能够"把坏事说成好事"。
好比跟领导打球,看到对方输了,都得马上补一句:
"不敢不敢,这都是领导为了帮我建立信心!"

吹捧、隐忍、扭曲、矫饰……
这些跟高情商毫无关联,甚至背道而驰的行为,很讽刺地,却在网上,成了高情商的说话标准。

而这也证明了,对某些人来说,他们沟通的目的,不在于让别人理解,只在于让别人舒服。

为此，即便让沟通，成为一场心照不宣的敷衍，也无所谓。

● 别扭的沟通

常听到一种说法，说是咱们中国人在沟通时……
最容易遇到的问题，就是**别扭**。

别扭，意思是不透明、不一致：
想说的，不直接说；
说出口的，不是自己真正的意思。

明明喜欢，却不说喜欢。
明明收到礼物，却要嫌对方买贵了。
明明介意，却摇头说"没关系"。
明明自己想喝奶茶，却等着对方问"你渴不渴"。

以至于，从小常听到的一种故事类型，便是那种"明明真心好意，却又不说清楚……直到受了一辈子误会，最终，大家才哭着发现那是爱"的故事。

对此，我个人印象最深的，莫过于当年中学时，在课本里读到

● 开口之后

的一篇故事——《琵琶记·糟糠自厌》。

里头讲的是,赵五娘家贫无依,竭心尽力服侍公婆,自己吃糠忍饥,却遭婆婆猜疑欺侮的故事。

"(白)奴家早上安排些饭与公婆吃。岂不欲买些鲑菜,争奈无钱可买。不想婆婆抵死埋怨,只道奴家背地自吃了什么东西,不知奴家吃的是米膜糠秕!又不敢教他知道,只得回避。便做他埋怨杀我;我也不分说。苦!这糠秕怎的吃得下?"

这种"好人蒙冤"的剧情,当年读了,就觉得浑身不舒服。
偏偏像这样的故事,还真不少。

好比小时候,还读过一则雷公与电母的传说。
网上翻出来的版本,是这样:

"从前,有位寡妇和年迈的婆婆同住。婆婆患病欲吃肉,但家贫无钱购买。寡妇为尽孝,便割下自己手腕的肉煮熟,给婆婆食用。料不到腕肉坚韧难咬,婆婆大失所望,骂媳妇不孝顺,叫她把肉倒掉。媳妇满怀委屈地将肉倒入水沟时,刚好被雷公看见,以为她糟蹋粮食,便一雷将寡妇轰死。后来玉皇大帝知悉雷公铸下大错,为了弥偿寡妇,便封她为'电母',赐配给雷公为妻。"

第一部分　开口之前，我都在想些什么

少时不懂，以为自己的不舒服，来自对角色的同情。

后来才发现，真正的不舒服，是来自那种对**别扭沟通**的厌恶。

是的，赵五娘委屈，被雷劈的寡妇也委屈。

为什么呢？

是她们特别命苦？是她们的婆婆特别坏？

有可能。

但另外，还有一种可能。

那就是这个世界上，按理说，人人都有自我保护的本能。

就如同每个人都有先天的免疫力一样。

所以我们会假设基本的病菌，大家都能抵抗……相处之际，不用担心打个喷嚏，就会害死对方。

但有些人不然。

他们的沟通，特别别扭，特别"善良"。

以致最正常的假设与推想，对他们来说，都是挫折与受伤。

他们虽然从不做坏事。

但不知为什么，好像总是有人要专门对他们做坏事。

开口之后

受伤时,他们纯洁如天使,错的永远是别人。
就像块豆腐……不管谁碰到,他们都粉身碎骨。
就像,前面那两则故事里的主角一样。

试想一下:
家里穷,你怕婆婆担心,所以不讲;
你吃糠,也怕婆婆担心,所以不讲;
你割肉,还怕婆婆担心,所以不讲;
最后,你被婆婆冤枉……
这,怪谁呢?怪婆婆吗?

反过来想:
当婆婆的,一个老人家,儿子不在家,不知家里有多穷。
只发现,每天三餐越来越差。

她吃饭时,发现媳妇不吃。
问为什么,媳妇不肯讲。
私底下,却又发现媳妇偷偷背着她吃东西。

她病了,求媳妇买肉,求半天,到口的肉却又干又瘦。
她为此生疑、生气……

第一部分　开口之前，我都在想些什么

唉，是不是人之常情？

人生在世，用常情处世，靠常情推理。
反了常情，就是反人性。

是人，不会那么好——好到无法解释，恐怕就是"坏人"。
你连坏人都不是，那你莫非是"神"？
是神，又怎能怪他人看不透你的丈二金身？

最后，受《琵琶记》之赐：
那个赵五娘原想"保护"的婆婆，一直被骂到今天。
才发现，过度的善良，足以摧毁它本身。

而另一个印象深刻的，是有一年录《奇葩说》，遇到的辩题是"父母提出要和老伙伴一起去养老院，我该支持还是反对？"。

还记得，第一次看到辩题时，我满脸问号。
觉得这题目，未免太不持平！

我表示，如果辩题是问"子女该不该**送**父母去养老院？"。
那还可以辩一辩。

● **开口之后**

但如今,是父母主动表示,他们**自己想要去**养老院。
身为成年人,他们觉得和老伙伴一起去,会很开心。
对此,子女凭什么阻止?

虽然这一场,我是正方。
但主张反对的一方,根本没的说……
就算赢了,胜之不武啊!

对于我的抗议,当时的编导,并没有多理会。
他们只笑笑说了句:
"黄老师,你到时候就知道了。"

果不其然。
上了台,才发现反方的主张,既简单又直接:
"父母说他们想要去养老院,都是**骗你**的。"
"那不是他们的真心话。"
"他们只是因为爱你,想给你省麻烦,才**假装**这么说。"
"身为子女,一定要**揣摩**出他们的真意,一定要**阻止他们**……"

这些说法,引来全场泪崩,大家极有共鸣。
编导没错,对于这个辩题,完全是我太天真。(苦笑)

第一部分　开口之前，我都在想些什么

"爱，就是彼此不说真话。"
我完全低估了，在传统亲子沟通中——
咱们那种深深刻在骨子里的，对于别扭的熟悉感。

也难怪在网上，看过一句"名言"，被按了上万个"赞"——
"中国人对于扭曲的情感有种扭曲的情感。"

当然，我并不相信那些沟通中的别扭，是咱们中国人所独有。
但另外有句话，意思差不多，却也特别火：
"中国的父母，一辈子都在等着子女感激。"
"而中国的子女，一辈子都在等着父母道歉。"

● 看见自己的不透明

在沟通中，我常常强调**透明**与**一致**。

透明与**一致**，简单来说，就是不违心、不扭曲……把你真正的感受与纠结，直接坦露给对方。

对此，得举个例子。
想当初，搬到上海的时候，是我先到了新家。
葛莉则得待在北京，处理后续事宜，一个月后才会过来。

● 开口之后

当她终于要过来的前几天,我(自认)特别用心,把整个家里,从厨房水槽到浴室洗手台,刷洗得干干净净……对新家的地板,更是前后擦了四五遍,水里加了专用芳香剂。

为的,是想让她一进门,就觉得家里香香的。

结果等啊等,一路上风尘仆仆的葛莉,进了家门。

她一路从门口,走进卧房,四处张望,打量环境,并没有展现出我所预期的惊喜。

进了浴室,她才开口说了第一句话。

"这马桶,好像有点脏脏的!"

听到那一句,当下,我特别生气。

"你怎么那么挑剔!"
"你都不懂感激!"
"我花了好多力气,你难道都看不见吗?"

老实说,这些话语,当时的确都从我脑中飘过。

但我知道,那些话,都不是我真正想说的。

对我而言，那并不是真正**透明**的表述。

"老实说，我觉得有点失望。"
"当你进门的时候，我本以为自己会得到夸奖……"
"我很希望，能让你对新家感到满意。"
"我试着努力了……但没达到你的标准……"
"我知道，这不是你的错。"
"但我还是忍不住，觉得失落……"
这些，才是把我内心真正的感受与纠结，**透明地说出来**。

透明，意思不是说话肆无忌惮。
你觉得对方是王八蛋，就骂他"王八蛋"……这并不是透明。

且恰恰相反，那些**埋怨**、**指责**与**辩护**，它们在沟通中的作用，其实更像是一种掩饰。

这些掩饰的目的，是可以让你，不用面对真正的自己——
让你不用当着对方的面，坦承自己的**期待**、**委屈**与**索取**。
而后者，往往才是你真正想说，却没说出口的（讽刺的是，你却希望对方能自行解读出来）。

● 开口之后

真正想说的,不说,就是"不透明"。
实际说出口的,跟想的不一样,就是"不一致"。

对此,图恩(Friedemann Schulz von Thun)便指出,比起那些语言中的"精美包装",沟通更重要的是**一致性**。

也就是在过程中,要尽力让你外在的语言,与内在的目标、期待、感受与纠结,都保持一致。

如此一来,沟通便会进入一个**良性循环**。

首先,当听者越能清楚地理解信息时,他就越不需要因怕被误导,而保持警惕,于是越能专注聆听。

其次,当听者专注聆听时,说者才会感到被理解,于是在信息相关的内容上,才会尊重听者(不用话中带刺、夹枪带棒)。

再次,当听者感到被尊重、被接受时,他的沟通也会变得更一致,更能表达内心感受。

最后,双方互相强化谈话的一致性……就能让这段沟通,开始产生尊重、交流与建立同理心的疗愈功能。

第一部分　开口之前,我都在想些什么

● 透明的威力

曾经收到过一封来信。

大家不妨试想一下,如果是你,会怎么给建议?

执中学长,我是个大学生,最近放暑假,邀了一个特别好的朋友来我家住,跟我一起玩。

然而我爸妈,却特别不喜欢这个朋友,觉得她不讲礼貌……比如在家里见面了,不会主动打招呼。

但我真的很喜欢这个朋友,我也知道她其实是比较害羞,在家长面前有点害怕(我爸妈有点凶,而且不太爱讲话)。

继续让这个朋友住在家里,感觉爸妈一点都不开心。

但我很开心能和她一起玩,她真的是我特别特别好的朋友,我实在不想跟朋友说我爸妈不喜欢她。

夹在中间,我很为难,怎么办?

收到这位女孩的提问后,我当时只回了一句话:

"请把这封信,直接发给你爸妈看。"

是的,不用特意去找什么理由,也不用什么沟通技巧。

只要把那些你愿意写给我这个"陌生人"的内容,直接转给父

● 开口之后

母看……把自己真正想说的，让爸妈知道。

十有八九，问题这样就解决了。

但偏偏这个貌似简单的动作，很多人做不到。
因为他们的表达，是习惯性不透明的。

就好比，在前面这封来信中，那个女孩，内心有没有纠结呢？
有啊！

"继续让这个朋友住在家里，感觉爸妈一点都不开心。"
"但我很开心能和她一起玩，她真的是我特别特别好的朋友。"
"夹在中间，我很为难。"
这些纠结，这些感受，既是她心中最真实的想法……
也是最能让人动容的部分。

但偏偏，当这女孩真正面对父母的时候。
她大概率，会把这段纠结与感受，略去不提。
开口时，只剩下埋怨、指责与辩护。

"妈，我真的很想让朋友住下来。"（埋怨）

"我这朋友只是比较害羞,不是不礼貌。"(辩护)
"再加上,你跟爸又不太爱讲话,感觉有点凶。"(指责)
你看看,这样说,感受是不是差很多?

后面这种表述,非常容易让母亲一听完,便心生不满。
"你这是什么意思?"
"你朋友对咱们不礼貌,居然还是我们的责任?"

● 说出你的在意

同样的道理,再看看另一封来信:

在宿舍里,同寝的室友喜欢熬夜打游戏,自己又睡得很浅,想要反映问题,却又觉得大家还要在一起相处四年,不希望为了这种小事破坏感情……请问该怎么办?

有没有发现,当这位同学,写信给我的时候——
他的内容,对我是**高度透明**的。

他明确表达出,自己在意的,不只是睡眠被打扰。
他同时,更在意与室友的相处,担心两人会因此有了芥蒂。

● 开口之后

这明明很善意,也很温暖啊。

所以按理来说,面对问题,透明的版本应该是:
"我希望能睡个好觉,不被打扰。
"却又担心跟你说了之后,被你讨厌,影响彼此的关系。
"所以现在心里很为难,不知道怎么办。"

但真正要说出口的时候,你信不信⋯⋯
十有八九,这位同学的话语,顿时就会变得别扭。

他会不自觉地,将原本的心情替换成埋怨、指责与辩护。
说出口的内容,就会是这样:
"你打游戏,会吵我睡觉。"(埋怨)
"请你别再熬夜打游戏。"(指责)
"不是我要挑事,我已经忍很久了。"(辩护)

很可惜,对不对?
如果这位同学,愿意把他一开始发给我的来信,直接转给同寝的室友,或许,效果还更好呢。

○ 很多表面所谓的沟通问题，背后，都是一份没来得及完成的自我习题。

第二部分

这些"沟通问题"，
其实不是沟通问题

PART TWO

● 开口之后

1. 关于"不敢拒绝"的问题

"前任领导离开公司后,自立门户,一直极力邀我过去。我内心不太愿意,但之前在公司时,受过这位领导很多照顾,他人也很好,想问这种情况下,有没有不撕破脸的解决办法?"

"如何拒绝上司邀约?"
"如何拒绝朋友借钱?"
像这种**不敢拒绝**的问题,算是一种非常典型的沟通疑难。

甚至听过有同学问过一个令人莞尔的问题:
"我要如何**礼貌地**,拒绝别人**不合理**的工作请求?"

对此,一开始我还会傻傻回复。
表示只要坦白说声"不好意思,我今晚不能加班"。
听起来不就挺礼貌了吗?

但后来才发现,原来当这位同学在问这问题的时候。
他眼中,对礼貌的标准,就是"不能伤感情"。

"面对别人的要求,既不想答应。

第二部分　这些"沟通问题"，其实不是沟通问题

"同时又希望我的拒绝，不会造成伤害。"
这心态，恰恰是个谜思。

毕竟，如果真的很不想伤害对方……
最简单的方法，就是乖乖答应。

而如果，你真的想要拒绝。
那么，也应该很诚实地，接受一个现实：
被拒绝的人，在某种程度上，肯定是会失望的。

且这失望无关态度是否礼貌，或理由是否充足。
如果立场互换：
当我们满怀期待，提出要求，最后却被拒绝的时候。
无论对方的理由说得多好听，我们一定会有不开心。

所以，怎么可能**毫无伤害**呢？

更重要的，是这种"怕造成伤害"的谜思。
会让很多人搞错问题的关键——
以为自己只是因为不会说话，所以才不擅拒绝。
误以为，这是口才问题。

● 开口之后

以至于,到处找老师,求话术。

但老实说,这种问题跟口才,一点关系都没有。
因为真正的症结不是**怎么说**(How)。
而是**为什么**(Why)。

为什么,我们会这么害怕伤感情?

● **要相信自己,可以伤感情**

是的,比起不伤感情,人们真正该有的观念,应该是:
我相信我有足够的价值,能让对方,"包容"我所造成的伤害。

就好比,我知道这次拒绝跳槽,会让前领导失望。
但没关系,因为我相信,自己是有价值的——我的能力、我的表现、我的成长,在未来还会有很多机会提供回报。
所以**长期**来看,我知道,他这次的失望只是暂时的。

又好比,我知道,在当下,拒绝朋友的要求,会让他难过。

第二部分 这些"沟通问题",其实不是沟通问题

但没关系,因为我相信,自己是有价值的——我的个性、我的幽默、我的陪伴,都是值得让人继续与我交往的。

所以**总结**来看,我知道,他肯定能消化这次的不愉快。

是的,怕伤感情……

本身就是一种**短视的**,只计算眼前损失的行为。

而人与人之间的关系,加分与扣分,却是长期总结的。

"我不用太担心,自己做出扣分的行为。

"因为我相信,在别的地方……自己具有加分的能力。"

这种思考,远胜于老想着要怎么拒绝,才不会造成伤害。

● 怕伤感情,是一种不信任

除了前述之外,还有一种思考方式:

我相信对方足够强大,一定能够承受这次的伤害。

什么意思?

有些人之所以特别担心,怕自己的拒绝,会伤感情。

原因之一,就是他总觉得对方特别**弱小**,特别**受不了**打击。

● 开口之后

就好像有一回,我跟公司里的几个同事聊天,聊到"面对朋友跟你哭穷借钱,有没有能力拒绝"。

当时,有一位自认难以拒绝的女同事,无奈表示道:

"如果我不借,他不就完蛋了吗?"

你看,这回答,就很典型。

我们与其说,是因为这位女同事,特别在意朋友……

倒不如说,是因为她对自己的朋友,特别**不信任**。

"如果我不借,他不就完蛋了吗?"

换言之,在这位女同事眼中,她那位朋友,是很脆弱的、很无能的,是一旦求助遭拒,便手足无措,只好坐以待毙……

所以,她才会觉得自己一拒绝,对方就**完蛋了**。

但不是的——他不会完蛋的。

这世上没有人,会只因为你说了"不",就完蛋的。

就像我每次不得不拒绝别人的时候,心里都会想:

"嘿,老兄,我是相信你的。

"我也相信,无论如何,我不会是你唯一的稻草。

"你不会只有我这么一个朋友,也不会只剩这么一条路可走。"

第二部分　这些"沟通问题",其实不是沟通问题

"你很强大,我相信你可以承受这次的失望。
"你也很能干,我相信你一定能找出别的解决之道。"

因为我不觉得,他那么弱小。
所以,就能安心说"不"。

对此,分享一个我的亲身经验。
不知何故,之前每次回家过年,跟老妈相处的时候,母子间三不五时,总会上演一段"要不要吃水果"的戏码。

"你要不要吃水果?"
"你在外头,一定都不吃水果!"
"我今天特别买了苹果,要不要吃?"

而如果,我说不想吃……

她就会继续唠叨着:
"这苹果很贵的!"
"我都买了你还不吃!"

要是我再强调一次不吃苹果……

● 开口之后

那么待会儿老妈就会端着一盘苹果表示：
"都已经帮你削好切好了，来吃苹果吧！"

这时候，你会怎么办？
以前，我都是乖乖吃了。
毕竟，老妈已做到这地步了，我再不吃，老妈该有多**失望**。

但也正因如此，我每次乖乖一吃。
就等于反过来加深老妈的一个印象——
"啧啧，说半天，其实你还是要吃苹果嘛！"
"你就是懒，等着人家帮你削皮！"

久而久之，面对我的**拒绝**，她越来越不当回事。

反正，不管是苹果，还是其他什么事。
儿子同意与否，并不重要。
只要一切安排好了，最后儿子还不是**乖乖吃**？

● **拒绝，才是真正地保护关系**

发现到这点后，我决定一改往日态度。

第二部分　这些"沟通问题",其实不是沟通问题

后来,老妈问我要不要吃苹果,我说不吃。
她把苹果削好了,切了片,插上扦子,端到桌边……
我依然不吃。

我说:"你就摆着吧,等放坏了,我收拾。"

当然,或许是因为我年纪大了,老妈不能揍我。(笑)
所以,我就会看到老妈,脸失望,端着苹果,离开房间。

而这一刻,便是关键!

以前,看到那个失望的背影,我都会想,自己真不孝。
我居然如此决绝地,拒绝老妈……
这一定让她很痛苦、很难过。

但现在,我有一个特别有正能量的想法。

每当看见老妈嘟嘟囔囔,转身离开时,我心里都会想:
"老妈,我相信你,你没事的!
"这么大把年纪了,您什么风浪没见过,什么辛酸没尝过?

● 开口之后

"而眼前这个所谓儿子不吃苹果的小小挫折……

"在漫长人生中,根本就不值一提啊!

"这事,你绝对能轻松扛过去,绝不会因此倒下的!"

结果,你知道怎么了吗?
如今,老妈问我吃不吃苹果。
我只要说不吃,她就会点点头,表示:"那我就不削了。"

甚至,有一次我爸心血来潮,问我要不要吃水果。
我刚说了不吃,老妈就在旁边提醒:
"儿子说不吃,就是真不想吃,你别瞎折腾。"

漂亮!

这才发现:
人与人之间,怕伤害,才会造成真伤害。
比起"拒绝"所造成的伤害,真正的伤害叫"积怨"。

就像之前,我不得不勉强吃苹果,是积怨。
而老妈一次次,努力削出来的苹果……既没有让子女开心,也没有因此增进亲子关系。

第二部分 这些"沟通问题",其实不是沟通问题

亦容易积怨。

更重要的是,身为子女的我,一次次让步吃苹果,却没有换来对方的体谅……反倒让自己的意愿进一步被轻忽。

这种委屈,**积怨更深**。

是的,怕伤感情,才是真正在伤感情。
一旦我们把对方,看得很弱小,觉得他经不起拒绝。
我们就会因为一时心软,让彼此,都陷入长期积怨的困境。

唯一的解法是,承认伤害不可免,也相信对方够强大。
因此,我是可以拒绝他的。
于是,关系才会正常。

心态摆正了,再回头看看,一开始的提问:
"前任领导离开公司后,自立门户,一直极力邀我过去。我内心不太愿意,但之前在公司时,受过这位领导很多照顾,他人也很好,想问这种情况下,有没有不撕破脸的解决办法?"

有没有发现,重点已经完全不一样了?
这个貌似沟通的问题,背后,其实是观念问题。

● 开口之后

2. 关于"不敢索取"的问题

工作中不好意思麻烦别人,但又真的有需要。
我怎样说,才能让对方合理接受?

这个提问者,特别有意思。
都到这地步了,还会特别强调,得让对方"合理接受"。
可见,他真的很害怕麻烦别人。

在课堂上,我也常找同学测试:
"觉得自己,很难**拒绝别人要求**的,请举手。"
"觉得自己,很难**对别人提要求**的,请举手。"

有趣的是,这两种人,往往高度重叠。
也就是说,那些会困扰于"如何拒绝朋友借钱"的同学……
一转身,也同样会困扰于"如何开口催朋友还钱"。

而这,往往不是表达的问题。
因为大多时候,提要求,并没有什么了不起的技巧。
最简单的,就是别绕弯,直接表达自己的需要,直接开口。

第二部分　这些"沟通问题"，其实不是沟通问题

"工作上有个问题，我需要你帮忙。"

是的，说起来，就这么简单。

但这个简单动作，对有些人来说，特别困难。

细究起来，他们不敢开口的原因，通常有几种。

● 怕被拒绝

第一种不敢开口的理由，是"怕被拒绝"。

提出要求后，发现**被拒绝**，对有些人来说，特别痛苦。

因为在他们的理解中，一旦对方，拒绝了自己的要求——

那似乎，就证明了我**不重要**；

证明了我俩的**交情不够深**；

证明了对方果然**没那么喜欢我**；

证明了我的确是**被忽视的**。

而这每一种结论，都太令人痛苦了。

所以，这就像许多人讳疾忌医，不喜欢去医院做检查一样。

为了让自己，不用面对糟糕的结果。

他们会宁可选择，一开始就不主动提要求。

● 开口之后

尤其是,那些"我不重要""我不受欢迎""我被忽视"……
这些念头,在大脑里,被归类为**社交威胁**。

社交威胁,严格来说,并不是一种真实的威胁。
不同于疾病、流血与猛兽……
社交威胁,是不会"真的"致命的。

但遗憾的是,相较于千百年来人类生活翻天覆地的变化。
我们大脑的机制,其实还挺原始。
所以它在处理**社交威胁**的时候,所动用的区块,跟处理**生理威胁**,基本上是一样的。

换言之,当有人说自己被拒绝了,觉得"心好痛"的时候。
这个"心痛"未必只是形容。
因为他的大脑,在处理信息时,是真的会把肉体伤害跟社交威胁重叠起来,是真的会给出某种痛感的。
对此,社会学家哈灵顿(Brooke Harrington)说得更直接:
"如果社会科学也有一条堪比 $E=mc^2$ 的方程式,那就是 SD>PD……社会性死亡(Social death)比肉体死亡(Physical death)更叫人害怕。"

● 怕显得自己无能

第二种不敢开口的理由，是"怕显得自己无能"。

是的，在有些人心中，光是开口承认"*我需要帮忙*"，就已经会让他觉得，自己矮人一截。

关于这点，我曾在课堂上，领教过一次。

当时，正在教人际说服，提到了一个很常见也很基本的，在亲密关系中，降低抗拒感的小技巧。

就是尽量把话语中的"你应该"，改成"我需要"。

不是"*你应该早点回家*"。
而是"*我需要你早点回家*"。

不是"*你应该要来安慰我*"。
而是"*我很需要你的安慰*"。

这个小技巧，其实并不难，用过的人，反馈都很好。
但那次我发现，居然会有同学抱怨。
表示每次说出"*我需要*"，他就觉得，自己很卑微。

● 开口之后

唉，怎么会有这种感觉呢？

"说出需要，就等于承认我是弱者。"
有些人，抱着这种观念，难怪死都不肯麻烦别人。

● 怕让对方困扰

第三种，不敢开口的理由，是"怕让对方困扰"。
这一点，特别典型。

尤其是，对那些**共情**能力特别强的人来说。
他们光是想象为了满足自己的要求，别人需要做出什么样的付出，会带来什么样的困扰……
就已经，令自己很不舒服了。

甚至，就算对方都答应了，他们也会担心——
怕人家表面装作不在意，却会在背后偷偷抱怨，嫌弃自己。

像我，就是这种人。

年轻时，作为大学辩论队教练，每次赛前带完论点，我都只会

第二部分　这些"沟通问题",其实不是沟通问题

交代一句:"有问题可以问我,剩下的,自己回去练!"

然后,就收工了。

别的教练,都会要求同学,今晚几点之前,把辩稿写好。

明天,一个个交来检查!

但我从不这么做。

当年,自己最常说的一句话,反倒是:

"唉,大家都是成年人了……"

意思是,后续练习,全凭自律,我不想给人压力。

所以我一直觉得,自己不是个好教练。

因为我最怕的就是,自己的要求,会给别人添麻烦。

而如果,有人也跟我一样……

连在"上对下"的关系中,身为教练,都不想给选手添麻烦。

那么,换作朋友间或者"下对上",肯定更不好意思了。

● 你担心的理由,都是一面镜子

怕被拒绝;

开口之后

怕显得自己无能；
怕让对方困扰——
这，便是一般人不敢开口提要求，最主要的原因。

但有趣的是，这三个理由，恰恰也是一面镜子。
它呈现的，都是当你在面对别人要求时，所会有的想法。

换言之，那些"怕让对方困扰"的人……
往往，就是那种在面对别人开口，要他做事时，会觉得对方是在"给自己添麻烦"的人。

所以，他才会以己度人。
觉得若换作他，去给人提要求，别人也一定会有同样的想法，会偷偷抱怨，嫌他在找麻烦。

同样的道理，当别人找你帮忙时，如果内心认为"这家伙低人一等"，会觉得"他怎么这么无能"。
那么，轮到你想找别人帮忙……
很自然地就会因为"怕显得自己无能"，而不敢开口。

是的，在沟通中，所有的顾虑，就像一面照妖镜。

第二部分　这些"沟通问题",其实不是沟通问题

镜中照出的,并不是"别人会这么想",而是"你会这么想"。

那些你眼中,别人的顾虑。

都是你心中,对别人的评价。

至于那些"怕被拒绝"的人,就更好理解了。

如果在你心中,被拒绝了,就意味着"我不重要",意味着"我被忽视、被冷落",意味着"我被瞧不起"……

那么一来,你当然不敢轻易拒绝别人,

二来,你也一定不敢轻易对别人提要求——

以免自己沦为被拒的对象。

这也解释了前面提到的,为什么那些在生活中,不敢请别人帮忙的同学,往往,也是最难以拒绝别人请求的倒霉蛋。

背后都是同样一套,自我捆绑的假设。

● 怕被拒绝,怎么办?

而要如何,跳出这套自我捆绑的怪圈呢?

最好的方法,就是用一套更合理、更客观的方式,去重新检视一遍,自己原本的假设。

● 开口之后

好,那我们就从第一种顾虑——"怕被拒绝"开始。

这种想法,来自我们总是下意识地觉得自己不重要。

但真实情况是,我们大幅低估了,自己获得帮助的可能性。

康乃尔大学组织行为学教授博恩斯(Vanessa Bohns)和斯坦福大学教授弗林(Frank Flynn),曾合作过一项研究。

在实验中,受试的学生被告知,要在校园里随机找到陌生人,帮忙填写一份问卷——问卷的内容,稍微有点复杂,整个过程,大概需要耽误对方五到十分钟。

事前,研究人员请受试的学生,先做一个预估:
他们觉得,自己至少需要询问过多少人,才能找到足够的对象,愿意配合完成五份问卷?

学生们的事前预估,平均值为二十人。
但实际结果,只有一半——十人。

在另一项实验中,受试的学生则假称自己正在进行一场寻宝游戏……他们四处搭讪陌生人,请对方在一台平板电脑上回答一长串既琐碎又需要动一点脑筋的问题。

而答对的题目越多,除了可以为眼前这个学生,争取较高的分数,对那个陌生人来说,别无好处。

事前,研究人员照例请受试的学生做一个预估,猜想陌生人愿意答题的数量,与答题过程中答对题目的比例。

也就是,判断对方会愿意为了自己,投入多少时间与心力。

关于前者,学生们的预估,平均值为二十五道题。

但实际结果,几乎高了一倍——四十九道题。

至于答对的题数,预估值是十九道题。

但实际结果,是四十六道题。

换言之,一般人不仅严重低估了自己得到帮助的可能性。

也低估了别人在帮助我们时,愿意付出的认真程度。

● 怕显得自己无能,怎么办?

那么,再来看第二种顾虑——所谓"怕显得自己无能"。

● 开口之后

会有这种想法,往往是因为,我们只从自身角度考虑。

但真实情况是,人们乐于借由帮助他人,证明自己的价值。

是的,你要知道,**帮助别人**,其实是一种很愉快的体验。
它证明我的存在,是有价值的;
证明我这个人,是善良的、有能力的;
是能让别人感谢,是能对别人,造成影响的。

太多时候,借由帮助别人,我们获得了特别美好的一天。
我们因此摆脱了坏心情,拥有了成就感。
甚至改变了对自己的看法。

所以,别老是想着开口求助,会被人看轻。

你是可以反过来想的:
你要相信,别人是可以在这个过程中,获得东西的。
这不光是索取,更是一种给予。

就像我的一个朋友,本身在做内容工作。
当时他们部门里,有个年轻小编辑,因为自己负责的老师,拖

第二部分 这些"沟通问题",其实不是沟通问题

稿拖得特别严重,进度严重落后……

导致那个年轻人,特别焦虑,压力特别大。

于是我那个朋友,私下去跟他讲:"你别一个人扛着,如果发觉自己搞不定,可以跟我开口,我很乐意帮忙。

"而且,当你找我帮忙的时候,其实,也是给我机会。

"让我有机会证明,我在这个办公室,对大家是有价值的。"

当下听完后,那个年轻人,哭得非常厉害。

她说自己之前,待过许多单位……

从来没有想过,会有人用这种方式,说这种话。

● 怕让对方困扰,怎么办?

最后,是第三种顾虑,也就是"怕让对方困扰"。

是的,怕被讨厌、怕被抱怨……这些想法,应该是最普遍的。

但真实情况是,那些帮过你的人,反而更容易喜欢你。

关于这点,我相信,很多朋友,都曾在网络上的"鸡汤文",或某本杂志的节选中,看过那个,关于"富兰克林借书"的故事。

难得的是,这故事,居然不是个瞎编的段子。

● **开口之后**

在富兰克林的自传中,他提到自己在 1736 年,首次当选联合大会代表……他在第二年,再度被提名时,遇到对手在议会里长篇大论,发言表示反对。

那位对手,是个受过教育的老绅士,在议会里颇有声望。
但当时,富兰克林并未选择屈从。他听闻,那位老绅士家里,有许多珍贵的藏书,于是写了封信,表示想借阅其中一本。

结果,对方答应了,书也借来了。
一周后,富兰克林还了书,还附上一封谢函。

后来,富兰克林在自传里写道:
"当我们在议会见面时,他主动找我讲话,而且相当客气。
"此后,他在许多场合都乐意提供援手,我们成了好友。"

而这一段,被后人称为**富兰克林效应**的经历,完全可以从现代心理学上的**认知一致性**上获得解释。

我们也完全可以想象……
当年那位老绅士的内心,会经历怎样的转变:

第二部分 这些"沟通问题",其实不是沟通问题

"我觉得富兰克林,是个讨厌的人。"(**预设**)
"可是,他愿意向我借书。"(**事实**)
"没水平的人,是不会像我这么爱书的。"(**冲突**)
"看来他在阅读上,至少还有点品位。"(**一致**)

尤其是,在决定借书之后。
老绅士对这件事的认知,又进一步增强:
"我觉得富兰克林,是个讨厌的人。"(**预设**)
"可是,我已经把书借给了他。"(**事实**)
"我会特意去帮助一个,特别讨厌的人吗?"(**冲突**)
"看来,富兰克林或许没那么讨厌。"(**一致**)

是的,我们都会更倾向于,喜欢那些自己曾帮助过的人。
尤其是,当我们发现:
对方**印证**了我们的判断,在事后,展现了谢意。

以至于,我听过一个朋友,分享她的一个小习惯——
她在职场上,时不时就会对别人,做出一些**善意的索取**。

好比说,经过别人的办公桌,看同事正在吃橘子。
她就会笑着伸手说:

● 开口之后

"来,给我一个橘子!"

因为,唯有吃了别人的橘子……
你才有机会,对他说"谢谢"。

正如富兰克林自己所引用过的那句格言:
He that has once done you a kindness will be more ready to do you another, than he whom you yourself have obliged.

(与受过你恩惠的人相比,那些曾经好心帮过你的人,更愿意再次帮助你。)

● 勇于索取,能被拒绝

所以,请重新调整观念。
你要认清,开口提出自己的要求,是一件自然、互惠的事。
是一种让别人能有机会**展现善意**、**证明价值**、**拉近关系**……
以及,**看见你**的方式。

对此,我很喜欢一句话:
"勇于索取,能被拒绝。"
前半句,很容易理解。

第二部分 这些"沟通问题",其实不是沟通问题

但后半句话,是前半句的基础。

意思是,其实你不用担心开口。
因为,如果对方真的有困难,他可以拒绝你。
而当我们,**能接受**自己被拒绝……
就等于**允许**自己,随时开口索取。

相反,一个人如果勇于索取,却不能被拒绝。
那么,他一定特别痛苦。

同样,另一句话,就更直白:
"你可以一直要一直要,只要你允许被拒绝。"

想通之后,再回头看看一开始的提问:
工作中不好意思麻烦别人,但又真的有需要……
我怎样说,才能让对方合理接受?

就会发现,许多你以为的口才问题,本质,都是观念问题。
过得了观念这一关,其实讲话,不需要拐那么多弯。

● 开口之后

3. 关于"态度强势"的问题

职场上,遇到那种个性特别强势的同事,该怎么沟通?
我需要表现得比他更强势吗?

"如何面对强势的人?"
"我要如何变得更强势?"
在帮职场人上课时,我发现,**强势**,往往是个高频词。

这一方面,可能是在工作中,面对强势且难搞的对象……
一般人,特别不知道该怎么办。

另一方面,也可能是出于某种羡慕。
毕竟,大家都希望有朝一日,自己能成为让人忌惮的对象。

且有趣的是,我发现,当人们提到"**强势**"这个词的时候,
习惯性地,会把它跟"**性格**"连在一起。

"他是典型的狮子座,生性特别霸道。"
"这个人的个性,从小就很强硬。"
他们会用类似的词语,来描述那些强势的人。

第二部分　这些"沟通问题"，其实不是沟通问题

而在大家的理解中，强势既然是一种**性格**特质。

那理所当然，它所造成的问题，是一种关于**个人修养**的问题，关于**情绪管理**的问题，关于**沟通技巧**的问题……

甚至，是关于不同星座或血型、彼此性格**是否相克**的问题。

但这种理解，大错特错。

● 无关个性，而是筹码

有个观念，我常跟人普及：

一个人强势，不是来自他的性格，而是来自他的筹码。

这里的"筹码"，可以是这个人能力强，可以是这个人后台硬，也可以是因为这个人被偏爱……

总之，是先要有筹码。

这个人的性格才"强"得起来。

相反，你想想——

如果有个人，他从小到大，由于毫无筹码：

● 开口之后

只要一强势,就得碰钉子;
只要一嘴硬,就会付代价;
只要一开口骂人,就得挨一巴掌。

那你说,这个人从小到大。
他那所谓很倔、很犟、很强悍的**性格**,能培养得出来吗?

同样的道理,每次听到有妻子抱怨,说她老公脾气暴躁。
我都会跟她解释,不是的。
因为性格,是需要**筹码**的。

所以但凡看到,某个人的脾气很暴躁。
那你几乎就能想象——
一定是他所身处的那个环境里,有人愿意忍。

那个人,要不是他的爸妈,要不是他的妻小。
要不然,就是他周遭的朋友或下属。

简言之,在他当下的环境里,遇到冲突,总是有人愿意退,愿意低头,愿意摸摸鼻子不计较⋯⋯
这,就是他性格的**筹码**。

第二部分　这些"沟通问题",其实不是沟通问题

● 学习看筹码

了解这个观念后,再回头想想:
一个在职场上,表现得很强势的人,背后,可能有哪些筹码?

第一种,他之所以强势……
可能是因为他能力强,所以大家愿意忍。

这很合理,对不对?
就是你要知道,在职场上,未必都是下属怕上司。
有时候,也可能是上司怕下属。

甚至有些下属,在拥有关键能力后(好比餐厅的厨子)。
是可以强势到跟上司拍桌子、对老板大小声的。

而这时,你来问:遇到强势的同事,要不要比他更强势?
脱离筹码谈个性,这就是个假问题。

再一种,他之所以强势……
可能是因为他脸皮够厚,不在意评价。

● 开口之后

是啊，有些人遇到冲突，不怕闹大——
想撕破脸就撕破脸，想骂就骂。
他只要里子，不要面子。
就算把场面搞得再难堪，他都不觉得尴尬。

所以，在生活中，那些没皮没脸的人，往往显得特别"刚"。

当然，在背后，或许大家会对他指指点点。
觉得这种人难相处、没教养。
但只要他们不在意别人的白眼，不介意外界的评价——
这，就会是他们强势的筹码。

而这时，你来问：遇到强势的同事，要不要比他更强势？
脱离代价谈行为，这也是个假问题。

当然，在职场上，对方之所以强势，还有第三种可能——
是因为他不管惹出什么麻烦……
不管别人怎么投诉他、抱怨他……
老板对他，依旧信任。

所以，他当然敢强势，当然敢对别的同事大小声。

第二部分　这些"沟通问题",其实不是沟通问题

甚至,我讲得极端点,他就是老板的小舅子,因此他很强势。
而这时,你来问:遇到强势的同事,要不要比他更强势?
假问题嘛!

所以我才说,强势与否,无关性格。
每一个你所羡慕的强势态度,背后,肯定都有一个你现阶段无法复制的筹码。

否则,你早就跟他一样强势了,不是吗?

就好比,他为什么那么强势?
因为这件事他**占理**,他得理不饶人,所以他现在敢掀桌。
你**不占理**,所以没办法跟他一样。

又好比,他为什么那么强势?
因为他不强势,他就**完蛋了**。

意思就是,这个人,现在是背水一战。
项目没谈成,他就得走人;事情搞不定,损失特别惨。
所以他现在,什么都不怕!

● 开口之后

而你的压力,没他的这么大,所以你强势不过他。

● **筹码决定性格**

这就是为什么,我常提醒大家:
遇到难以沟通的局面时,别光盯着人,要学会看筹码。

是筹码,决定了一个人的性格。
而不是性格,决定了那个人的筹码。

就像几年前,录《奇葩说》的时候。
选手们私下聊天,就有人提到,说是感觉这一季派来的编导特别凶,对选手的要求,也特别严苛。
这导致录影期间,大家时不时就会跟编导发生争执。

当时,我还傻乎乎的。
一听完,我就摇头说:"不会啊,我觉得编导对我,都客客气气的。
"既没有感觉到他们凶,也没有感觉到他们严苛啊。"

话没说完,默默在一旁的如晶,便忍不住吐槽:

第二部分 这些"沟通问题",其实不是沟通问题

"学长,谁对你不是客客气气的?"

啧,还真的是。

仔细想想,我之所以不跟编导吵架,不与他们发生争执……
理由并不是我多么儒雅随和,或者修养有多好。
而是因为,我的运气好。

我那侥幸的筹码,让我在面对编导时,往往自带"强势"。
无须争吵。

所以后来,每次听到有人夸我:
"黄老师私下讲话,特别和气,脾气真好。"
我都会连忙否认,说"没有没有",不敢沾这个光。

那不是谦虚。
而是我很清楚,每个人的沟通方式,都是由筹码决定的。

开口之后

● 不是沟通问题,而是筹码问题

关于这一点,如果再往深了讲。
你就会发现,当我们对别人的强势,感到困扰的时候——
其实真正困扰我们的,并不是那个人的沟通方式。
而是那个人的筹码。

仔细想想,是不是这样?
当你在抱怨"他这个人讲话怎么那么强势"的时候——

你真正困扰的,其实,是这个人**本事强**;
或者,是他**有靠山**;
又或者,是你知道他这个人,可以**不顾脸皮**、**不在意形象**。

所以,他才让你感到棘手。

否则,咱们反过来想想:
如果这位同事,他**能力不强**;
或者他的主管,并**不打算挺他**;
甚至,他这次根本**不占理**;

第二部分　这些"沟通问题",其实不是沟通问题

这老兄就只是在口头上,说话比较强硬……
此时,你还会怕吗?

肯定不会嘛!
大家一定不会把这种毫无筹码的虚张声势,放在心上。

理解了这一点,你就会知道:
那些貌似强势的沟通态度,并不是我们要去应付的重点。
更不必为此,去钻研什么改变性格的技巧。

● **面对筹码,我能学到什么**

我们真正需要学的,是两件事:
一是要趁着机会,发现别人身上的不同筹码;
二是要观摩他们,在有了筹码后,是怎么使用的。

毕竟之前列举的那些,只是例子……
真实生活中,筹码的形式,多种多样。

而每一个,会让我们感到棘手的冲突,就是最好的复盘素材。

● 开口之后

看看还有哪些筹码是自己以前没注意到的。

"哦,原来下次等我有了筹码……
"也可以学着像他这样强势。"

"啊,原来这种筹码……
"在沟通中是可以这样使用的!"

是的,找出筹码,而不是模仿个性。
这才是面对强势时正确的行事方式。

4. 关于"怕尴尬"的问题

如何在陌生的聚会中,快速打破尴尬,融入大家?

如果要做个统计,调查什么是人们最普遍的沟通问题。
我相信,答案绝对是"怕尴尬"。

是的,每个人都会尴尬,也都怕尴尬。
且大家都觉得,害羞与尴尬,会让我们无法与人交流。

第二部分 这些"沟通问题",其实不是沟通问题

但在此,我想带大家从一个不同角度,去理解**尴尬**这件事。
那就是害羞与尴尬,其实,并不会妨碍我们与别人交流。
因为它们本身,就是一种交流。

没错,你会害羞,你会尴尬。
你站在对方面前,觉得手足无措⋯⋯

但这一切也在同时,释放出一个很明白的信号:
"我很在意你!"
"我很重视你!"
"现在这个场合,对我很要紧!"

不然,我为什么会害羞?为什么会尴尬?

换言之,你要知道:
尴尬,并不是个沟通问题;
尴尬,是一种沟通方式。

甚至很多时候,比起那些流畅的话语⋯⋯
尴尬所传递的信息,更加强而有力。

开口之后

对此,请容我举个自己的例子。

虽不是艺人,但因为上过节目,所以偶尔,路上会遇到粉丝。

且他们的反应,通常很有意思:

"请问,您是黄老师吗?"

"哎呀,太好了……来来来,这是我小孩(把小孩拉来)……"

"我们家小孩,一直都是您的粉丝!"

"快点快点……你跟黄老师打个招呼……"

换言之,那个最自在最大方,特意跑过来攀谈的人。

往往不是我的粉丝。

"粉"我的,是她旁边那个害羞、尴尬,不好意思讲话的家伙。

然后,那个被拉来的小孩,就会在要求下,勉强挤出一句:

"黄……黄老师……你好……"

没错,这孩子特别紧张,特别害羞。

可这时候,我问你,他有没有传递给我他想表达的东西?

当然有,对不对?

他的害羞,他的不好意思,他的扭捏、结巴……

其实,这些已经充分表达出,他对我的喜爱与重视。

相反，如果这孩子真的侃侃而谈，滔滔不绝：
"哈哈哈，黄老师，久仰久仰……"
"我从小，就看您的辩论长大……今天终于见到本人了……"
"哎呀呀，果然就像人家说的，闻名不如见面啊……"
"来来来，咱们合照一张！"

老实讲，我对他的印象，不会因此变得更深。

● 尴尬，是友善的

所以，请正面去理解，自己的尴尬。
也正面去解读别人的尴尬。

好比，在喜欢的女孩面前，表现得很尴尬？
无所谓。
就是要尴尬！

害羞而尴尬地，表示想约她去看电影……
这件事，其实并不扣分。

● 开口之后

又好比，跟领导吃饭，或一起搭电梯，表现得很尴尬？
也无所谓。
因为大多数的领导，都不介意下属的尴尬。
他们都知道，"是因为你在意我，所以你现在说不出话"。

就像有一次跟马东老师聊天，提到很多人在学"电梯演讲"。
意思是，身为员工，如果有幸，跟大老板在电梯相遇……
那可千万不能浪费这宝贵的三十秒！
绝对要把握机会，在老板面前，做一个改变人生的小演讲。

对此，马东老师的态度，有点不太认同。
他觉得，身为老板，每天要见的人、要想的事，已经太多了。
真的不会太在意这短短三十秒，某个人跟他说了什么。

而如果员工，觉得这三十秒很让人尴尬，怎么办？
"那挺好的，打完招呼后，咱们就安安静静地，一起尴尬吧。"
"难得没事，搭个电梯，大家都歇一歇。"

● 让大家融入你

当然也有些人，会说自己怕的，还不只是尴尬。

第二部分 这些"沟通问题",其实不是沟通问题

他们更希望的,是**融入大家**。

关于这一点,我听过一个很好的说法:
如果你真的不善交流,那就让别人来跟你交流。

意思就是,无论在陌生聚会中,或是新到一个团体里。
每当你想着,要怎么跟别人拉近距离的同时……
别人,往往也在想着要怎么接触你。
也会想要看看,能不能跟你做朋友。

这个过程,一定都是双向的,对不对?

所以,你不一定要把任务,都揽在自己身上,老是苦恼:
"我要怎么出招?"
"我要怎么打破尴尬?"
"我该怎么融入大家?"

你可以试着,反过来:
在别人试图**融入你**的时候,去接招,去接纳。

这一点,别以为简单。

● 开口之后

因为有太多的人,反而是卡在这里……
他会一边苦恼着,要怎么跟人交流。
一边又习惯性地,不让别人跟他交流。

就拿我自己为例。
每次,到外地讲课,遇到的主办方,总是特别热情。
而我的反应,总是特别客气。

"执中老师,最近在忙什么啊?"
"没什么没什么。"
"哎呀,黄老师,第一次来长沙,有没有什么想吃的东西?"
"都可以都可以。"

你看,像我这样说话,貌似很客气,对不对?
但其实,这就是典型的**不让别人跟我交流**。

"没什么没什么。"
话题就没下文了。

"都可以都可以。"
就是把门关上了。

而大多数人的问题往往也像这样。

关键,不是他要怎么去融入别人。

而是当别人想要融入他的时候,他**不让**别人融入。

● 所谓的"社交牛人症"

关于这点,要特别提一个例子。

我有个特别喜欢的视频账号,叫盗月社食遇记,他们多数的主题,就是到各个不同的地方,跟当地人寒暄、交流、吃东西。

所以对这些盗月社的成员,观众普遍的理解,都是一群患有严重"社交牛人症"的人——不管是去陌生的小镇,还是第一次去的餐馆,他们总是马上就能融入周遭,跟大家打成一片。

但如果你仔细观察,他们是怎么融入大家的。

就会发现,他们并不是一见到人,就装熟,就上去勾肩搭背。

那不叫融入。

他们最大的特色,是勇于"接受别人的交流"。

● 开口之后

就好比，有一期节目是他们去一家小吃店吃东西。
结果，人家老板夫妇，自己在后头煮了面，准备吃中饭。
看他们还在拍，顺便就问了一句："你们要不要吃面？"

那两个盗月社的主持人，明明刚刚吃过饭，却立马笑说：
"好啊，那我想吃一点！"

你看，这就有交流了，对不对？

如果换作我，别人问"要不要吃面"。
十有八九，对话就会变成：
"不用不用，您太客气了。"
"没关系，我就不打扰了。"
"谢谢谢谢，真的不必麻烦。"

你看这对话，看起来很客气、很有礼貌，对不对？
但整个过程，其实是**拒绝**交流。

而盗月社的人不是这样。
你问要不要吃个面。
他们会说"好，吃什么面？""葱拌面？""我最喜欢吃了"。

甚至有时候，吃完面，他们还会问主人能不能再来一碗。
"因为实在太好吃了！"

你看，这就叫接受别人的好意，接受别人的对话。
结果，双方自然就交流起来了。

所以，我看节目的时候，常跟葛莉调侃：
盗月社的人，只要看到路边有老人乘凉，问要不要一起喝茶，他们绝对会坐下来喝茶！
人家问要不要吃块西瓜。
他们绝对会吃块西瓜！

人家说，晚上这里会跳广场舞，要不要一起跳？
他们绝对会一起跳！

是的。
所谓的社交牛人症，不是勇于到处攀谈，而是勇于接受好意。
去接受别人的好意，去回应别人的好奇。
让那些对你感兴趣的人，有机会融入你。

想通了这些观念，再回头看看，一开始的提问：

● 开口之后

如何在陌生的聚会中，快速打破尴尬，融入大家？

有没有发现，问题的性质，已经完全不一样了？

5. 关于"抗拒沟通"的问题

沟通过程中，对方变得很激动，抗拒沟通，该怎么办呢？

常有一种抱怨，说在生活中无法与父母／伴侣／子女沟通。而这样抱怨的人，常用的一种说法叫作"对方抗拒沟通"。

关于这一点，我想先解释一下：
就是人啊，只要活着，就在传递信息。
他的动静、他的选择、他的反应，乃至他的存在……
无一不是信息。

所以在严格意义上，并没有什么人，能真正抗拒沟通。
沟通，是个不断在进行的"状态"。
而不是某个需要被明确达成的"结果"。

以至于，真正问起来，你就会发现：

第二部分　这些"沟通问题",其实不是沟通问题

一般人所谓的**抗拒**沟通,其实,多半所指的是——
对方"不按照我所想要的方式"沟通。

就好比,你觉得每次一谈话,对方就翻脸,这是抗拒沟通?
但其实,这种**抗拒**本身,就是一种沟通。

毕竟,对方已经很明确地,传达出一个信息——
"我不想谈这个!"
不是吗?

换言之,他不是没有沟通。
相反,是你**不愿意接受**他在沟通中,所传达的内容。

因为在你眼里,只有对方配合你的要求——
"来,我想谈这个,乖乖跟我谈!"
唯有达成这个**结果**,对你来说,才算是叫作"沟通"。

● 情绪,就是沟通的内容

同样,人们常有个谜思。
觉得只有当大家都坐下来,彼此心平气和,好声好气说话。

● 开口之后

才算是在沟通。

如果其中一方，感到生气了、激动了、有情绪了。
人们便觉得……
"啧，你这人怎么脾气这么大，这么难沟通呢！"

这其实，是种误解。
一个人的情绪，本身，就是他沟通内容的一部分。

就像大家都会说，沟通时，要**敞开内心**。
可人的内心，一打开，里头是什么啊？
十有八九，装的都是情绪。

因为情绪，是**欲望**的体现。
不管那个情绪，是焦虑、愤怒、委屈还是不甘心……
只要有欲望，就会有情绪。

相反，如果谈起某事，一个人可以毫无波澜，毫无情绪。
那么我们可以说他**冷静**。
但也可以说。
他对这件事，**没有那么在乎**。

第二部分　这些"沟通问题",其实不是沟通问题

记得早年做情商课的时候,蔡康永老师举过一个例子。

他说:"你就想象,如果今天有人掉在水里……

"一边挣扎,一边挥手呼救。

"这时候,他说话的态度,一定不可能是心平气和的。"

"快来啊!

"还愣着干什么!

"咕噜噜……你们这些浑蛋……赶紧……来人啊!"

他的呼喊,可能很激动,很着急,甚至很气愤。

但这时,如果岸上的人觉得不能接受,纷纷表示:

"你这家伙,脾气怎么这么大呢?"

"到底想要什么,讲清楚啊!"

"大家都该心平气和,好好说话嘛。"

我们一定会觉得,岸上这些人,太不可理喻了。

是的,人为什么会有情绪?

情绪的作用,就是用来表达那些无法被言语描述的需求。

● 开口之后

那些急切的、杂乱的、交缠的、隐晦的念头……
最后，只能化为情绪，躲藏在言语里。

所以，当一个人表示：
"你别说了，我不想聊这个！"

其实他这句话翻译起来可能就是：
"这个话题，会让我觉得恐惧。"
"这个话题，会让我越想越觉得委屈。"
"这个话题，会让我感到焦虑。"

由于这些情绪都是他无法招架的。
所以他不想再听下去。

● 情绪与需求

就像之前在网上，看到一则留言。
女孩表示说，当时有个社会案件，闹得很大——凌晨的烧烤店里，居然好几个大男人，当众骚扰并殴打三名年轻女性。

监视器拍下的画面，令人非常震惊。

第二部分 这些"沟通问题",其实不是沟通问题

也非常残酷。

于是等女孩回到老家,在饭桌上就忍不住提起这则新闻。
没想到,在讲述过程中,她爸爸的情绪却变得非常激动。
他先是多次,打断女儿的话头。
最后,他甚至直接斥喝,要她别说这些了!

对此,女孩十分难过。
她觉得自己试图交流,但父亲不愿共情,抗拒沟通。

当时,看完留言,我也觉得遗憾。

我猜,或许是因为年纪的关系。
因为如果换个角度,揣摩一下……
其实,我们或许也能想象这位父亲的感受。

这位父亲,恐怕不是因为厌恶女儿,不想听女儿说话。
所以才叫她住口。

他真正想表达的,很可能是:
"你讲的这个话题,会勾起我的恐惧。"

● 开口之后

"我好怕这种事,会发生在你身上。"
"像这种新闻,我身为父亲,一想象就觉得好痛苦、好难受。"

像上面这些话,有些人,在受过训练后……
能够明白而清楚地表达出来。

他们能明白说出,自己情绪背后的动机。
能清楚传达,内心真正面对的需求。
那当然特别好。

不过,我们很难要求每个人,都有这种能力。

就像前面那位父亲……这些话,他就讲不出。
真实生活中,他恐怕从来没练习过,去表达自己的内在。
导致最后,脱口而出的,就变成:
"你啊,别再说了!"

唉,太可惜了。

而也由于,能把自己情绪说清楚的人,可遇不可求。
所以我才会建议大家:

不要把沟通中的情绪,当成一种不愿沟通的象征。

换言之,当一个人生气、不满的时候。
一般人的解读或许是:
"哇,他生气了。"
"他不喜欢我,他在拒绝交流。"
"所以,这次的沟通失败了。"

有经验的人,则会理解为:
"他正在对我,展示他的敏感点。"
"对方试图告诉我,他有些需求,没被照顾到。"
"眼前,正是我改变局面的机会。"

● 真正的抗拒沟通

但说到这儿,也可能有人会吐槽。

他们会觉得,如果连"对方不想谈这个""照我的讲法"都算是一种沟通方式,不算抗拒沟通。
那么真正的抗拒沟通,到底是什么样的呢?

● 开口之后

关于这一点，前面也提过，跟很多人想象的不一样：
其实，客客气气，才是真正的抗拒沟通。

什么意思？

就是你想啊，如果两个人，各不相干。
我不展露内心，你也不展露内心，见了面，客客气气。

"黄老师，久仰大名。"
"你好，幸会幸会。"
这时候，我们在沟通吗？

"黄老师，中午想吃什么？"
"都可以都可以，随便随便。"
像这样，就叫不展露、不融入。

这些，才是真正意义上的抗拒沟通。

说到这儿，又要拿自己举例了。
过去，每当我在外头，跟一些合作方接触。
事后通常听到的评价都是：

第二部分 这些"沟通问题",其实不是沟通问题

"黄老师这个人,特别客气!"

但其实,这是个美丽的误会。
因为我这个人,特别内向,不是很喜欢跟人打交道。
而客客气气,礼貌待人——
恰恰是一种避免交流、拉开距离的方式。

相反,如果今天你我相遇,你说:
"黄老师,我知道一家泰国菜特别有名,一起去吃吧?"

而我居然,会忍不住眉头一皱,激动表示:
"啧,我最讨厌泰国菜了!"

老实说,这才叫作我没把你当外人。

因为这一刻,我们真的**对话**了,我们真的**接触**了。
我真的愿意在你面前,暴露我的**敏感点**了。
我真的愿意,提出需求了。

是的,我最讨厌吃泰国菜。
当我陷入情绪的那一刻,我俩终于,开始沟通。

● 开口之后

● 人人都渴望沟通

当然说到这儿,可能也有人会觉得:
那万一我遇到的人,就是真的不喜欢沟通,该怎么办?

老实说,我不太相信这种事。

要知道,人是社会性的动物。
我们与生俱来,就渴望建立联结,分享快乐,倾诉痛苦。
渴望被信任、被看见、被理解……

沟通,是有快感的。
人对沟通的欲求,是根深蒂固的。

所以严格说来,并不存在一个"不喜欢沟通"的人。
存在的,只有那个人不喜欢的"沟通方式"。

就好比,我们说一个人生性内向,不喜欢沟通。
但他真正不喜欢的——
或许只是饭局中,那些皮笑肉不笑的应酬;
或许是聚会时,那些不得不与陌生人寒暄的压力。

而如果，是在一个熟悉、轻松、安全的环境里——
同样一个人，面对一两个知心好友。
他是完全可以变得乐于分享、能言善道的。

因此，说某人不喜欢沟通，就像说某人"不喜欢吃饭"一样。
完全是个误会。

他不喜欢的，只是这道菜。
真正的问题，是出在他不喜欢在这个**场合**沟通，不喜欢挑这个**时机**沟通，不喜欢用这种**语气**沟通……

读到这里，再回头看看一开始的提问：
沟通过程中，对方变得很激动，抗拒沟通，该怎么办呢？

就会发现，有太多沟通问题，都来自人们对"沟通"的误解。

6. 关于"社交恐惧"的问题

"社恐"是很多年轻人的通病，作为一个初入职场的"社恐人"，每次开口都欲言又止，该怎么办呢？

● 开口之后

首先,我个人完全能理解这个提问的背景。
毕竟时至今日,只要上网一搜,就不难发现——
当代年轻人,几乎个个都认为自己"社恐"(包括我)。

甚至看过一则新闻,说是据统计,有八成以上的受访大学生,都认为自身患有程度不一的社交恐惧。

正因如此,才让人不禁好奇:
那些声称"社恐"的朋友(包括我),是真的都"恐惧"社交吗?

从医学角度看,社交恐惧症(SAD),是焦虑症的一种。
具体症状包括脸红、出汗、颤抖、心悸和恶心等。

但这种真正意义上的社恐,在一般人群中的占比是3%到13%(Kessler et al.,1994)。
绝不可能高达八成的人,都真的患有这种焦虑症。

● **不是怕社交,而是不习惯付出**

因此,我更倾向于相信:

第二部分　这些"沟通问题",其实不是沟通问题

大部分人的情况,其实都是**口头社恐**。

也就是,比起社交中的恐惧,他们真正困扰的,其实是那些在社交过程中,感受到的**疲惫**、**麻烦**与**不自在**。

是的,在社交中,因为要照顾到别人的情绪,所以疲惫。
因为要关注旁人的需求,所以麻烦。
因为要常常注意自己,表现是否得体,所以会嫌不自在。

换言之,大家不是真的**害怕**社交。
而是觉得,社交很累,所以喜欢**吐槽**社交。

关于这一点,有个简单测试:
就是去观察那些,自认患有社恐的年轻人。
看他们私底下,跟一群熟朋友相处的时候,会不会恐惧。

而如果,他们跟熟人社交时,能够开心自在。
就证明他们真正的问题,不在于"社恐",而在于"不习惯付出"。

是的,与熟人相处,不用那么照顾对方情绪。
不用那么关注对方需求。

● 开口之后

就算一不小心,有所冒犯,反正大家都会包容。
这时候的社交,令人轻松愉快,感觉特别自在。

甚至有时候,如果与对方够熟。
人家还会反过来嘘寒问暖,送上话题……
配合着你的需求,悲喜与共,加上同仇敌忾。
用一副认真惊讶的态度,听你大谈甲方的荒唐与上司的愚蠢。

这时候的社交,就更加不是**付出**,而是**索取**。
这时候,就不"社恐"了,对吧?

● 不是恐惧,而是期待

当然,或许有些朋友,听我这么说,会觉得不服气。

他们认为自己害怕的,**真的**是社交。
因为,即使在**不用付出**的社交中,他们还是感到不舒服。

关于这点,还有另一个简单的测试:
试想一下,你在单位加班,好不容易忙完一个大项目,同事们兴高采烈,相约着一起去吃消夜庆功。

第二部分　这些"沟通问题"，其实不是沟通问题

这时候你却发现，同事们约来约去，一个个问着：
"老陈，你来不来？"
"老李，你去不去？"
"跟老王说一声，待会儿见啊。"

结果是，所有人都受邀了。
偏偏，没人问你。

这时候，你会开心吗？

当然，也听过有人表示：
"哼，没约我最好，因为我'社恐'，不邀我，我更开心。"

但这说法通常只是嘴硬。
因为邀请你，然后，你说不去。
跟打从一开始，就忽略你……完全是两回事。

而如果，你是那种在被忽略后，会觉得难过的类型。
那么，就证明了在社交中……
你真正恐惧的，其实是被忽视、被排挤。

● 开口之后

换言之，有些人之所以**回避**社交，并不是因为恐惧社交。
相反地，是因为他们对社交这件事，**期待**太高。

以至跟大家相处时，自己脑中会忍不住一直想着：
"他们会不会喜欢我？"
"他们会不会觉得，我讲话很无聊？"
"我今天是不是不该穿这件衬衫？"

而咱们与其说，这是社交恐惧症。
还不如说，这叫社交期待症。

"我好希望，能在跟别人交流的时候，被重视、被喜欢。"
"我好渴望，大家都能看到我最好的一面。"
"我好期待，自己能在众人面前表现得体，受人夸赞。"

但与此同时，你又担心这样的期待，是无法被满足的。
于是，才会对那些社交场合，感到压力。

就好比有些人，会害怕见到自己的偶像。
那当然不是因为，他对偶像心怀恐惧。

第二部分　这些"沟通问题"，其实不是沟通问题

而是因为，他对这样的见面，抱有太多期待。

"是的，我不想去参加那个聚会……"
因为我不知道，他们会怎么看我。

"抱歉，我不跟你们去聚餐了……"
因为我很怕自己到时候表现不好。

你看，这根本就不是什么恐惧症，而是期待症啊！
由于期待太高，怕不可得，所以才选择回避。

就像顾城的那首小诗：

你不愿种花，
你说，
"我不愿看见它一点点凋落。"
是的，
为了避免结束，
你避免了一切开始。

● 开口之后

● 如何面对不确定性

而如果问题的本质，不是**恐惧**，而是**期待**。
那么，光是劝一个人鼓起勇气，或是教他一些社交技巧……
当然不能解决问题。

因为这个人真正需要的，是"调整期待"。

对此，有个很直接又很有效的思考方式：
面对生活中的不确定，要学着去看"打击率"。

日本 20 世纪 80 年代有一位知名导演。
他年轻时，做过销售，每天在街上推销英语教材。

销售，是个压力很大的工作。
而最痛苦的，就是要面对高度的**不确定**。

好比这周，你可能运气很好，一口气签了五单。
但紧接着，又可能整整一个多月，处处碰壁，业绩挂零。
对销售新人来说，面对这样的起起落落，心态很容易崩。

第二部分 这些"沟通问题",其实不是沟通问题

但他找到了一个调整心态的方式。

他统计了自己每天在街上,跟路人搭话的结果。

发现大概每接触三百个人,其中就会有五十个人,愿意跟他走进咖啡厅,坐下来,听他介绍产品。

而每五十个人中大概有两成——

也就是约有十个人——会跟他签约。

于是,他想象自己,是个有"两成打击率"的棒球选手。

(附带一提,职业棒球选手的打击率,大约两成八,三成以上的是优秀选手,四成以上的是伟大打者。)

换言之,就算今天的运气超级好,连续有四五个客户都签了单,他也不会得意忘形,冲昏头脑。

因为他知道,自己的真实打击率,是两成。

同样,就算连续好几天,业绩挂零,他也不焦虑。

甚至,他会有些雀跃,觉得接下来就该有客户签约。

因为他知道,自己的真实打击率是两成。

是的,面对不确定,学着看打击率,是一个很好的思考方式。

● 开口之后

认清自己的打击率，可以有效避免患得患失。

● **用收视率化解个案压力**

而类似的技巧，我自己也在用。

由于工作关系，我经常需要面对听众，在台上讲话。
对演讲者来说，听众，永远是最大的不确定。

即便是早已精心准备、极有自信的内容。
但当你站在台上，热情分享，看见前排有位听众，打了个哈欠，开始低头刷起手机时——
任何演讲者，都会面临信心危机。

当然在理智上，身为专业的演讲者，我们完全可以告诉自己：
"他们打哈欠，多半是因为昨晚没睡好。"
"他们刷手机，可能是因为有要紧事得处理。"
"别理他们了，现在要把心思放在其他听众身上。"

但有过上台经验的朋友，一定都同意——
在情感上，这种事，实在很难不在意。

第二部分 这些"沟通问题",其实不是沟通问题

于是有些演讲者,会试图挽回那几位"失去的听众"。

他们会试着改换话题,提高音量,视线来来去去,总忍不住投往某个方向,努力想拉回那几位听众的注意力。

但这种做法,非常容易打乱节奏。

对台下其他的认真听众,也很不公平。

故面对这种情况,我后来的办法,是设定"收视率"。

每次上台前,我都会依据现场的听众组成,与当时的演讲目的,给自己定一个标准。

好比,如果是一般的校园分享。

我内心的"收视率",就是七成。

意思是,如果全场有两百名,被老师抓来听讲的同学。

那我就告诉自己,要允许他们当中,有百分之三十,也就是约有六十个同学,会忍不住打瞌睡、刷手机。

所以在台上,看到下面有同学,打了个哈欠,没事。

我的额度,是六十个!

● 开口之后

而如果换作录制节目的现场。

我内心的"收视率",会上调到八成。

意思是,只要一眼望去,现场的听众,能有八成左右,被我的内容所吸引,那就够了。

百分之百的收视率,既没必要,也不可能。

设定了"收视率",我与台下听众,达成了某种和解。

现在,发现有听众恍神,只会一笑而过。

放心地把注意力,放在其他那些,还在听我说话的听众身上。

所以,同样的道理,对于那些患有**社交期待症**的朋友。

我的建议,是试试看,先找出你的**"打击率"**。

或者,给自己定一个**"收视率"**。

是的,在社交场合,我可能会不小心说傻话、做傻事。

但我知道,我真实的打击率是一成五。

每认识十个人,总会有一两个人,对我印象不错。

至于在饭桌上,我也只给自己,设下四成"收视率"。

换言之，十个人中，能有四个人，喜欢我刚才分享的段子。
就很开心了！

有了这个观念，再回头看看，那个一开始的提问：
"社恐"是很多年轻人的通病，作为一个初入职场的"社恐人"，每次开口都欲言又止，该怎么办呢？

就会发现，比起硬着头皮学社交。
真正的关键，是在开口之前。

7. 关于"改变家人"的问题

常常因为被催婚，跟爸妈吵架，要怎样让爸妈开始接受新观念，让他们支持我？

因为被催婚，因为被催生，因为对行业选择的不同看法……
而与父母发生冲突，并为此感到痛苦的人，实在太多。

以至于，"如何**改变家人**的态度？"这类问题太过常见。
几乎可以在沟通中，做一个独立主题。

● **开口之后**

但在此之前,还是得先普及一个重要观念。

那就是,每当身为子女的你我,在跟父母,发生冲突的时候。

永远都要记得,先问自己一个问题:

权力,现在在谁手上?

什么意思?

就是我发现有好多人,在冲突中,居然搞不清这个问题:

权力,现在在谁手上?

也就是,无论要不要婚、要不要生,还是要不要选择干这行。

理论上,你都成年了,对不对?

换言之,父母能阻止你吗?

对,我知道你很难过,觉得他们**不支持**你。

可是,他们能阻止你吗?

相反,父母之所以会跟你**吵**,会对你**施压**,会去催你、去**逼**你、去烦你、去**威胁**你……

这些行为,其实恰恰证明了,他们手上是**没权力**的。

第二部分　这些"沟通问题",其实不是沟通问题

否则,如果要不要结婚的权力,真在他们手上。
父母干吗跟你吵?

他们只要吩咐一句,直接让你结婚,就好了。
对不对?

对方会跟你吵,就证明了,权力在你手上。

就像咱们小时候,想要买玩具,爸妈不给买。
请问,权力在谁手上?
毫无疑问,在大人手上嘛。

当权力在大人手上的时候,身为小孩,能怎么做?
只能吵,只能闹,只能满地打滚嘛。

所以,那个吵、闹与满地滚……
就是在说明,我没权力。

所以,跟父母之间,起冲突的时候,不要陷在那个争论里头。

别再老是问说"如何改变爸妈的态度""如何获得他们的支持"。

● 开口之后

不用的。

你永远要记得一件事：
有权力的一方，是可以选择"不沟通"的。

- 没权力的一方，才急于沟通

就好比三更半夜，你上街，想吃碗面。
而那间卖面的小店说，不卖了。
这时候，老板需不需要跟你沟通，解释他为什么不想煮面啊？

不需要。
他只要说一声"打烊了"，就够了。

这时候，是谁想沟通？
是你想沟通！

你会想赔个笑脸，跟老板打商量：
"拜托，再煮一碗就好。
"我吃得很快……
"我愿意多加点钱！"

第二部分　这些"沟通问题",其实不是沟通问题

你看,只有没权力的人……
才会急着想透过沟通,改变结果。

所以理论上,面对父母催婚:
真正要求助的,不该是子女跑来,问"要怎么改变父母态度?"。
而应该是爸妈跑来求助,问:

"女儿无论如何都不想结婚,该怎么办?"
"我该怎么改变顽固的子女?"
"要如何让子女,对婚姻有比较正面的看法?"

对不对?

但有些人看到这里,或许不以为然。
他们会觉得:"黄老师,虽然你说我有权力,但我**很痛苦**啊!"

我打算辞职,可是家人不支持,我好痛苦!
我享受单身,可是爸妈不赞同,我好痛苦!
所以才会希望,能透过沟通,改变他们的观念。
好让我,别这么痛苦。

● 开口之后

对此,我能理解,很多人,是真的痛苦。
但也请大家,仔细想想:
这种痛苦,是从哪里来的呢?

对某些人来说,他们会有一种想法——我的行为必须得到足够的**支持**,我才能去做,我才会快乐。

而如果,家人**不赞同**我现在做的事情。
那么,我就好像**失去**了自由。
就好像,被**剥夺**了什么东西。

但明明不是啊!
从客观来看,权力,明明在你手上。
这些事,就算别人不支持,你也能做啊。

● 对方的权力,是你给的

当然,我知道这年头,大家都爱谈沟通。
总期待着,能用沟通,化解所有分歧。

但你知道吗,在每个会让我们痛苦的问题里。

第二部分　这些"沟通问题",其实不是沟通问题

其实,同时存有两个分歧:
一个,是那个你所想要沟通的,跟**父母之间**的分歧;
另一个,则是你所忽略的,跟**自己内部**的分歧。

好比说:
"不是所有事,都非得先得到别人的理解,我才能做。"
这个道理,你一定懂。

又好比:
"别人不认同我的选择,并不等于,我受到压迫。"
这句话,你也一定同意。

可是,这两句在理智上你都懂、都同意的话。
关键时刻,你自己听不进去。

所以,问题又何止是父母不听你的话。
问题在于,连你自己,都听不进自己的话。

尤其是,在一件本来自己能选择的事情上,渴望他人的理解。
这过程,其实就是在赋予他人权力。

● 开口之后

当你**需要**对方支持，**需要**对方理解……
需要说服对方，为你改变观念的时候。

他们就因此，有了**不支持**、**不理解**、**不改变**的权力。
这些权力，会让你觉得痛苦，觉得挫败……
但一切，都是你自己**给出去**的。

● 沟通，是为了让人有机会了解自己

你一定得让家人，支持你的每一个选择吗？

如果这个问题，答案是"对"。
那这一生，你跟外界沟通起来，肯定特别痛苦。
因为，这是一个非常非常高的门槛。

甚至，咱们也可以反过来问：
你自己，支持家人所做的每一个选择吗？

想当然的，也没有，对吧。

所以不必强求，改变爸妈的态度。

第二部分　这些"沟通问题",其实不是沟通问题

人与人之间的沟通,很多时候,目的并不是要对方支持我。

我们只是希望,给对方一个"机会"了解我。

就像,我可以跟你沟通,我对催婚／催生的看法。
而等我说完,你会不会支持我……
这,既不是我能决定的。
也不是那么重要。

家人一场。
我只是想让你有个机会,知道我是怎么想的。

至于这个机会,要不要珍惜、要不要把握。
那是你的问题。
不是我的。

而由于我,并没有一定要获得你的认同。
也因此,你失去了**不认同我**的权力。

有了这个心理准备,沟通时,就能是平静的。
我不会要求爸妈,接受新观念。

● 开口之后

就像爸妈也没有办法,让我接受旧观念……
是一样的道理。

所以,请先跟自己沟通。
先解决自己与自己的分歧。
别轻易交出权力。

这才是沟通之前,真正要解决的问题。

8. 关于"怕揭露"的问题

跟别人交流的时候,很难坦陈自己的真实想法,每跟别人说一句,都不由自主地找补二十句,其中有十八句都是废话,内心已经到了焦虑的程度。

为什么有些人,会对沟通感到焦虑?
因为所有的沟通与交流,都是有风险的。

在沟通中,人们必须揭示自我,表达好恶,提出看法,流露情绪,泄露立场……也因此,他们必须面对**被曲解**的风险、**被敌对**的风险、**被反驳**的风险、**被贴标签**的风险。

而且这些风险,无法通过说话技巧解决。

因为无论我们把话,说得多么八面玲珑。
那也只能证明那个风险,**现在**没有发生。
有过焦虑的人,应该都知道……真正的焦虑,恰恰都是来自那些有可能发生,却一直没发生的事。

好比说,一个不敢自我揭露的人,他怕的是什么?
那可能是,万一我说出真实想法……结果被人忽视了、被人欺骗了、被人取笑了、被人占便宜了。
这,岂不太糟糕了吗?

所以,怀着这种焦虑。
这个人便一直在交流中,保持着**客套**与**回避**。

与此同时,恰恰也由于这个人的客套与回避。
所以他的焦虑,一直没机会**成真**。

以至于,这个人一直不知道:
就算,自己真的被忽视了,会有多糟呢?

开口之后

真的被取笑了,会有多丢脸呢?
真的被占了便宜,会有多大损失呢?

这一切的后果,他只能靠**想象**,对不对?
无根据的想象,正是培养焦虑,最好的温床。

一直不让自己的焦虑,去触碰现实。
就是在变相地,喂养自己的焦虑。

测试自己的焦虑

是的,我们的焦虑,到底**真实性**有多高?
关于这点,我听过一个挺有意思的案例。

有位秘书,在律师事务所工作。
平时的任务,就是整理文件、打打报告。
只不过,或许是个性问题,这位秘书在工作中,总是非常怕出错——她非常担心,因为自己的某个疏失,导致输了官司。

所以,她在工作期间,面对那些打印好的资料,会仔细检查。
甚至连下班后,她都不放心,还得把经手的所有文件,都带回家,

第二部分 这些"沟通问题",其实不是沟通问题

非得反复核对个三四遍,才能罢手。

这显然已经对她的日常生活,造成了严重的干扰。

后来有位咨询师,在了解了情况后,给了个建议:
"你会这么焦虑自己犯错,也不是不能理解。
"但我们可不可以试试看——
"**测试一下我们的焦虑,跟现实之间,到底距离多远?**"

"所以,你平常会都把文件带回家,检查三遍,对不对?
"好,那我们从下个礼拜开始,先踏出第一步——
"就是把资料带回家后,只检查**两**遍。"

然后,咱们再来看看会不会发生什么事。

结果,一个礼拜后,什么事都没发生。
没有一份文件,因此出错。
也没有影响任何一件官司的结果。

于是,咨询师让这位秘书,再踏一步——
这次把资料带回家后只检查**一**遍,看看会有什么结果。

● 开口之后

过了一个礼拜,想也知道,根本没差别。

这时候,咨询师提出了一个很特别的要求。
他要求这位秘书,下次在整理文件的时候,刻意**拼错几个字**。
试试看,会有什么结果。

会不会被律师发现后,叫过去痛骂一顿?
或是因此,害某个官司输掉了?

于是,这位秘书,就真的试着在打文件时,偶尔拼错一两个字。
结果却发现:
要不然,就是律师根本没发现有字打错;
要不然,就是律师即便看到错字,也当成小事一件,不放心上;
更加不可能的是,有任何一件官司,因为打错字而输掉。

就这样,在一步步小幅度地**接触现实**后——
这位秘书的焦虑渐渐消失了。

第二部分 这些"沟通问题",其实不是沟通问题

● 把自己,揭露给自己看

而像这种小规模的测试,有一个最大的好处。
那就是它的程度**可控制**、后果**能修改**。

意思就是,那些我们所担心的事情,会在什么时候发生?
以及,会在什么情况下发生?
这些,原本都是我们不能控制的。

但秘书主动打错一两个字——
这个出错的事件与程度,却是她可以控制的。

因此,就算真的造成影响,害自己被骂了。
那也不用太担心。
大不了,下次别再主动打错就好了。

所以很多时候,面对焦虑:
与其听人说些什么"放心吧"或"没事的"之类鼓励打气的话。
还不如主动让焦虑,在有限幅度里,稍微碰触现实。
实际去看看:那个自己最担心的现实,有没有那么严重?

● 开口之后

相反，若不做任何测试，只是不断纠结：
"万一我打错字了，怎么办？"
"万一我讲出了真心话，被骗了被笑了，怎么办？"

这样搞，一辈子都在内耗。

尤其是，很多年轻人，常爱问一些关于**人生方向**的问题：
"爱情与面包，该怎么取舍？"
"三观不合，能不能继续做朋友？"
"选工作，该选热爱的还是赚钱的？"

这种问题，问了都是白问。
毕竟有很多事，你没经历过……
就不知道自己能有多在意、能接受到什么程度。

好比"选工作，该选热爱的？还是赚钱的？"。
别人又怎么可能知道，究竟是**热情**带给你的快乐比较多？
还是**金钱**带给你的满足比较高？

所以，遇到这类问题。
我常会建议对方，做一个小规模测试：

第二部分　这些"沟通问题",其实不是沟通问题 ●

看看**金钱**与**热爱**,对你的生活品质,各自能影响到什么程度?

好比,从下周开始,试着把所有的生活开支,尽量压缩。
不吃大餐,不买新鞋,不看电影,不喝奶茶……
试试看,这种日子过一两个月,过不过得下去?
那大概就可以了解:我这个人,对物质的需求有多强?

反过来,也可以试试,暂别那些自己热爱的事物。
像我,热爱的是辩论。
就试试看半个月或一个月不接触,不聊不看,不碰这些东西。
试试看,我会不会真的很抑郁、很痛苦。

是啊,该选热爱的还是赚钱的?
不做测试,只是纠结,一辈子都不会有答案。

这就像小时候,老爸带我出去吃饭。
一进餐厅,他很快就点好餐点,而我还在那边犹豫……
因为这家新餐厅,之前没来过。
而菜单上的干炒牛河,与滑蛋牛肉饭,看起来都不错。

● 开口之后

所以我很难决定,到底该点哪一个。

结果,发现我一直没点单。
老爸这人很没耐心,就皱起眉,问:"你翻来翻去,在看什么?"
我说:"在看哪一样比较好吃。"

这时,老爸很不耐烦地说了句名言:
"好不好吃,那玩意儿看得出来吗?"

嗯,这虽然不算什么好父亲的发言……
但这句话,其实挺有道理的。

老爸的意思是,一家餐厅的东西好不好吃,光看菜单,纠结再久,也只是浪费时间。

唯一的方法,就是先随便点一道。
吃完后,下次就知道该点干炒牛河,还是滑蛋牛肉饭了。

● 不怕被看穿,就怕看不穿

生活中,我常听人提到一个词,叫"面对"。
不管是**面对**自己的焦虑,**面对**自己的恐惧……
还是**面对**自己的紧张或压力。

这种态度,当然很勇敢,很体现正能量。
但老实说,我个人更喜欢的词,是"测试"。

面对,或许会让你勇敢。
测试,却会增加你的智慧。

所以,与其鼓起勇气,面对焦虑。
不如,先让自己**测试**一下……
看看,这焦虑,是真实的吗?

与其鼓起勇气,面对压力。
不如,先让自己**测试**一下……
看看,自己在压力的影响下,言行处事,会有什么变化?

就像课堂上,我很喜欢找个同学,站上台,随便说一段话。

● 开口之后

然后让这位同学,在一张纸上,写下自我评估:
1 到 10,刚才自己的紧张程度,有几分?
1 到 10,刚才的紧张,对自己表现的影响,有几分?

同时,我也让台下的其他学生,写下自己的观察:
1 到 10,台上的同学,所表现出的紧张程度,有几分?
1 到 10,这位同学的紧张,对他实际表现的影响,有几分?

而每次测试,我都会发现这两份评估之间,有着严重落差。

换言之,如果演讲时会紧张。
那么你真正要做的,不是"别紧张"。
而是要先测试一遍……
好好看清,紧张对自己的表现,实际上能有多大影响。

理解了这一点,再回头看看,一开始的问题:
跟别人交流的时候,很难坦陈自己的真实想法,每跟别人说一句,都不由自主地得找补个二十句,其中有十八句都是废话,已经到了焦虑的程度。

你就会发现,很多表面上,所谓的沟通问题。

背后,都是一份还没有来得及完成的,自我了解的习题。

9. 关于"嘴笨"的问题

觉得自己嘴笨,脑中想得明明很顺,说出口的时候却大相径庭,怎么办?

关于表达,我一直觉得"嘴"这个器官,有着很强的误导性。
在课堂上,我也常常会忍不住吐槽"口才"这个词。

我总会问,当大家夸一个人"口才好"的时候,意思是什么?
通常,意思是,这个人说起话来,**有见解**,**有想法**。
或者,是这个人说起话来,**逻辑严谨**,**条理分明**。
又或者,是这个人说起话来,**发人深省**,**感同身受**。

但你想想,上述这些特点……有哪一项是跟"嘴"有关系?
分明,都是脑子里的东西嘛!
那为什么,会夸对方"口才好"呢?

就像,看到有同学拿到试卷后,便唰唰唰地奋笔疾书。
这时,咱们要夸,也一定是夸他"学习好"嘛!

● 开口之后

又怎会去夸他说：

"同学，你的**手才**真好！"

"我还真羡慕，你这双会写卷子的**手**啊！"

而这种把"表达"跟"嘴"画上等号的习惯，最大的影响就是让很多人，在面对自己说话说不清楚时……

往往就把问题，归因于自己**嘴笨**。

那么，既然是**嘴笨**，该怎么解决呢？

当然就是**练嘴**啦。

所以，有人教你高声朗诵，有人教你音调起伏，有人提醒你说话的时候要气沉丹田，中气十足……

"吃葡萄不吐葡萄皮，不吃葡萄倒吐葡萄皮。"

似乎只要嘴皮子吧嗒吧嗒，练顺了，表达就清楚了。

唉，完全搞错方向。

● 说话反映脑中状态

要知道，当一个人说话的时候。

第二部分　这些"沟通问题",其实不是沟通问题

他说出来的内容,反映的,乃是他脑子里的状态。

就像,我们抱怨一个人"言语无味"时。
真正抱怨的,不是他的言语。
而是这个人脑子里的"想法",空洞无味,很没意思。

又像,我们指责一个人"说话啰唆"时。
问题的症结,不在于他所说的话。
而是这个人脑子里的"念头",杂乱琐碎,纠缠不清。

所以,一件事,如果你讲不清楚。
原因,不是**嘴笨**。
而是因为这件事,在你脑子里**没想清楚**。

就像是,一个人写不出数学题。
你会说,是因为他的**手笨**吗?会建议他,多练练手吗?

当然不会,对不对?
因为你一定知道,是他的脑子,解不开这个题。
而不是他的手,写不出答案。

● 开口之后

而每一次当我解释这个观念时……
都会有同学不甘受辱,想要澄清。(笑)

他们会觉得,老师,你误会我了,我脑子里,是真的想明白了。
我想得很清楚,只是说不出。
我是真的,**只有**嘴笨。

对此,请容我进一步解释。

有句话,我特别喜欢:
表达犹如地面行,思考就像天上飞。

意思是,当我们脑中,在想一件事的时候。
整个过程,就像天上飞鸟,俯瞰地面的大山大河。
那画面,看似历历分明,却是一掠而过,不究细节的。

直到,当你要把脑中想法,写出来或讲出来的时候。
才会发现,那一掠而过、令你印象深刻的大山大河之间——
居然还有大量被视而不见的空缺,需要一步一个脚印地填补。

是的,我们的大脑不喜欢一步一个脚印,认真去抠**细节**。

第二部分 这些"沟通问题",其实不是沟通问题

它更擅长的,是在粗略的大概念之间跳跃。

就是从一座山,跳到另一座山。

最典型的例子,就是做梦。

每个做过梦的人,应该都有过这种经验:

在梦中,自己经历了一段特别精彩的情节,过程生动有趣,感觉合情合理,简直跟电影一样。

但一醒来,想要讲给别人听的时候。

才发现,梦里的剧情,错漏百出。

这儿缺一角,那儿缺一块,完全不合逻辑。

这问题,不是出在你的记忆力。

而是只有在表达的时候,你才会发觉……

自己脑中,并没有足够的细节。

但看到这儿,或许有些人还是不服气:

"哼,黄老师,我就做过很生动的梦,我也讲得出!"

对此,出于人与人之间基本的礼貌……

● 开口之后

我并不会调侃他是嘴硬吹牛,也不会怀疑他是事后脑补。
我只会用一个更具体的实验,解释给他听。

● 丽贝卡实验

心理学家丽贝卡·劳森(Rebecca Lawson)曾做过一个著名的实验:她给受试者一张纸,希望对方尽可能地,凭着脑中印象,画出一辆自行车。

她告诉受试者,不用画得多么好看。
只要用简单线条,尽量画出基本的机械结构就可以了。

自行车,应该是我们所有人都见过的东西。
它的原理并不复杂,算是一个蛮简单的机械装置。
许多人光是在脑子里,应该就能想象它的运作方式。

但令人意外的是——
大多数受试者,居然都无法通过这个看似简单的实验。
他们画出来的自行车,充满大量**细节**错误。

第二部分 这些"沟通问题",其实不是沟通问题

有的是车链接错位置,有些是无法正确地组合起车架与车把。

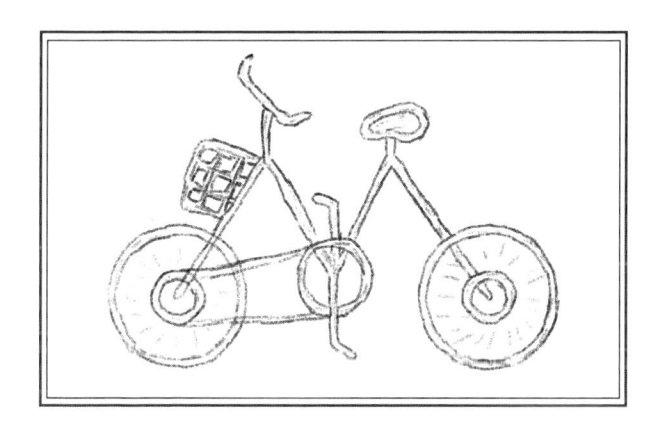

还有些人,他们画出来的脚蹬,根本无法踩踏。

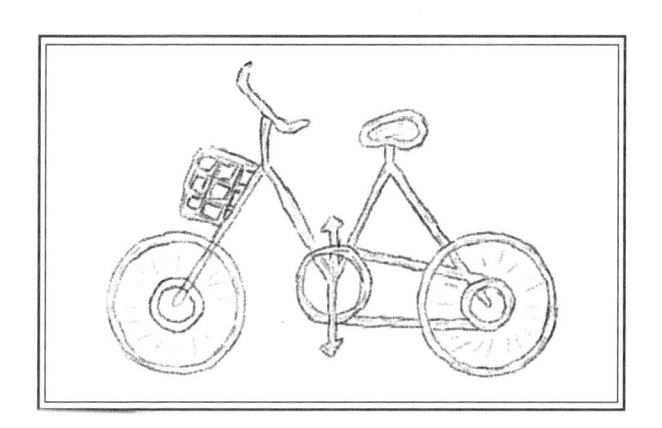

● 开口之后

换言之，他们画出的自行车，虽然乍看都有模有样，但真要运作起来，就会发现上面存在着严重的设计缺陷。

你大脑**以为**知道的，与你实际上**真正**知道的，有极大的落差。
这恰恰，正是人们在说话时，会突然觉得**嘴笨**的原因。
因为那一刻，你脑中的自行车，要落地了。

● 说明深度的假象

无独有偶，大卫·麦克雷尼（David McRaney）在他书里也提到过一个类似的概念，称为"说明深度的假象"。

在实验中，学者面对一群普通人，问他们是否了解那些生活中常见用品的运作原理，好比拉链、马桶、密码锁。

大部分受访者，都自以为了解。
但当学者要求他们进一步解释时，他们才惊觉自己讲不清楚，最后只好承认其实不太了解。

大卫·麦克雷尼把这种现象，延伸到政治纷争上。
意思是，很多人也会高估自己对政治的了解，以为自己很理解政策、很懂局势，所以往往放言高论、自以为是。

结果就是,他们对自己的立场非常坚持,渐渐趋向极端。

但如果你要这些人,去认真解释一些政策运作的细节,多数人就会开始支支吾吾,进而发现自己其实不懂政治。

态度也就趋于缓和,不像先前那么极端。

这项调查,很能解释一些生活现象。

谈大局,很容易。

茶楼酒肆里,谈起世界局势,人家口沫横飞,口才都很好。

而谈细节,得真功夫。

所以,同一群人,真要上台报告时,很多就觉得自己**嘴笨**了。

● 输出倒逼输入

以前当学生时,常听老师讲一句话:

"一件事,但凡你写得明白,就一定能说得明白;

"但凡你说得明白,就证明你已经能想得明白。"

是的,从"想"到"说",再到"写"。

其对内容要求的颗粒度,由粗到细,是依次递进的。

● 开口之后

而如果，你根本就画不出脚踏车。
却自称，已经把这脚踏车想明白了？
这是不可能的事。

那为什么当年学校老师要花这么多力气……
跟我们这些同学反复强调，说"你们笨的不是'嘴'"呢？
这问题，直到自己当了老师，才渐渐明白。

课堂上，我常跟同学提醒一件事：
"如果你听老师的课，听得很清楚，觉得已经完全听懂。
"要注意，这并不代表你懂了。
"这只代表，身为老师的'我'是真的懂了！"

那要怎样，才能证明是学生"真的"懂了呢？
就是在上完课后，你去找个人，试着把课堂上，那些自己觉得已经懂了的内容，讲给他听。

讲完后，如果你的表达，能让对方懂。
能让对方一听，就恍然大悟，大呼"好有收获"！
这一刻，才代表你*真的*懂了。

相反,如果你在课堂上,听老师讲解,津津有味。

但轮到要讲给别人听时,才发现缺东缺西,怎么都说不顺。

请记住,这不是因为你**嘴笨**。

那些说不清的地方,每一处,都是你脑中没有理顺的盲点。

这个侦测盲点的过程,有人称为"费曼学习法"。

而我自己,则是简单把它理解为"输出倒逼输入"。

就像平常在看书时,我有个习惯。

但凡在书上读到一段内容,觉得这个观念真好,这个知识点特别有意思……我就会把书本合起来,对着自己,重讲一遍。

注意,是**讲解**,不是**背诵**。

且在接下来的一两个礼拜里,我会到处找机会分享。

叽叽呱呱,分享完,如果对方反应平淡。

那就代表我对这段内容,没有真的吃透。

这时候,我就会回去把书再翻一次,看看在原本的书里,是怎么表达到让我懂的……是不是我少了某一段推论、某一处细节,或是缺了某一个容易被忽略的铺垫?

● 开口之后

认清自己,知道真正笨的不是嘴,是很重要的一步。

否则,一直卡在"嘴笨"这个借口上,觉得自己只是缺表达技巧。

那就没救了。(摊手)

理解了这一点,再看看之前的提问:

觉得自己嘴笨,脑中想得明明很顺,说出口的时候却大相径庭,怎么办?

你就会发现,这个一般人眼中的表达问题……

其实并不是**表达**的问题。

10. 关于"尬聊"的问题

和一桌人吃饭,不会接话,不会聊天,只能随声附和。

遇到这种大型尬聊现场,该怎么办?

社交中的尴尬,是一种很特殊的情绪。

特殊之处,就在于"尴尬"这玩意儿,既非羞耻,也不是内疚,它并非来自输赢的压力,不会造成实际的损失,不是某种需要弥补的错误,也不会真的令人丧失名誉或地位。

但偏偏,就是让人特别不舒服。

第二部分 这些"沟通问题",其实不是沟通问题

就像我在课堂上,曾跟同学做过一个简单的测试:

在社交中,"尴尬"与"冲突",你更不愿面对哪一种场合?

结果发现,大多数同学,都宁可面对冲突。

他们害怕尴尬,胜过跟人大吵一架。

对此,科普网站编辑梅莉莎·达尔(Melissa Dahl)写过一本《尴尬学》,提到英文中的 mortificd(羞愧、尴尬)一词,其动词原形是 mortify,拉丁字根就是"死"的意思。

可见,古今中外,人们对尴尬的感受都差不多。

都跟怕死似的。

在网上,我看过一则趣闻:女婿拜访老丈人家,结果老婆跟岳母出门逛街,只留下翁婿两人,坐在客厅……

彼此都不知道该做些什么。

径自刷手机不对,自顾看电视也不对。

最后,尴尴尬尬的两个人,居然只好坐在沙发上,肩并肩,愣愣地盯着一台没打开的电视机,一坐坐半天。

● 开口之后

● 这个场子不能冷

从沟通的角度来看,尴尬,主要是由三样东西组成。
分别是**社会规范**、**自我认知**与**自我评价**。

就以前面提到的**尬聊**为例。
丛非从老师曾提过一种说法,特别有意思——那些社交中的尬聊,通常都来自当事人心中的几个假设。

第一个假设,叫作"这个场子不能冷"。
意思就是,人们之所以会有尬聊的压力,首先就是因为觉得眼前这环境,**应该**是热闹的,**应该**是融洽的……
应该是要有着频繁互动、充满欢声笑语的。

而当你一旦发现,眼前这场面,居然变得静悄悄、冷清清。
这时,心里就不免感到尴尬。

可相反,假如今天你到庙里烧香。
见到有个和尚,在一旁坐着。
这时候,他没跟你讲话,你没跟他讲话。
你会不会觉得"哇,现在好尴尬呀!"。

第二部分 这些"沟通问题",其实不是沟通问题

肯定不会,对不对?

因为你觉得在这个场合,安静、冷清,是很正常的。
就算不讲话,也是能被允许的。
这时候,你就不会产生尴尬的压力。
更不会觉得自己非得硬着头皮,说些什么来打破沉默。

又好比去参加丧礼。
你会不会觉得,那么多认识的人同聚一堂,居然不聊天。
然后觉得好尴尬,非得讲点话?
也不会,对不对?

为什么?
因为你认为这些场合,都是可以"冷"的。

而一个场合,能不能冷,是谁规定的?
简单讲,那当然是**社会规范**的。
但准确来说,那其实是因为你在内心里,已经先**假定**了这种规范是对的,并接受了这种规范。

● 开口之后

就像女婿跟老丈人,坐在客厅里,两人都尴尬。
是因为他们彼此都预设了,这个场合,得是热情的。
一个不能冷的场合,偏偏冷了。
两人就尬了。

所以现在,我身处一些应酬场合,只要发现场面冷了。
就会告诉自己:这个场合,是**可以冷**的。
是的,不必刻意搞气氛,不用卖力找话题……
更不需要为此感到有压力。

没话说,就别说话,不要紧。
只要告诉自己:这个场合,是**可以冷**的。
然后我整个人就会变得很放松。
(别人尴不尴尬,我不知道,但至少我不尴尬。)

● **我必须做找话说的那个人**

看到这儿,有些读者可能会担心,就算有些场合,是可以冷的,但总也有些场合是一定不能冷场的吧?
好比请客人吃饭,怎能冷场?

对此,让我们再来看第二个假设。

第二个假设,叫作"我必须做找话说的那个人"。

意思就是,尴尬这玩意儿,按理说,应该是双向的。

所谓的冷场,不只是你不知道该说什么……

其实,对方也不知道该说什么。

但如果,你会觉得自己有**责任**站出来,有**义务**主动找话说。

那么,你就会特别容易尴尬。

就像女婿跟老丈人,坐在客厅里,无话可聊的时候。

他们之中,谁会认为自己最**需要**打破沉默……

谁就会是那个最尴尬的人。

这本身,就是个**自我认知**的问题。

好比早年录《奇葩说》时,有几次,我跟马东老师一起吃饭。

熟悉我的朋友都知道,我这个人私底下,不太喜欢聊天……所以每次跟别人聚餐,除非菜品很差,否则我通常不太说话。

(菜不好的时候,没事做,只好多聊几句。)

● 开口之后

所以,每当大家吃着吃着,感觉场子有点冷下来了。
你猜猜,我当下心里都在想什么?

我当下想的都是:
"上啊,马老师,考验你的时候到了!"(笑)

可不是嘛。
因为在我的认知里,会觉得既然是跟马东老师吃饭……这家伙既风趣,又健谈,况且还是老板。
所以,如果场子冷了。
显然他才会是那个,必须想方设法找话说的人,对吧?
没理由是我啊。

想通了这一点。
每次跟人吃饭,就算无话可聊,我心态依旧自在。

"他是主人,他一定比我更担心冷场。"
"他是客人,他一定比我更想化解眼前的尴尬。"
"他是老板,他有责任为大家破冰。"
"他是下属,他有义务在这个时候说几句话。"

你看,类似的自我认知,只要切换使用。

几乎可以在任何场合,为自己找到不用尬聊的理由。(笑)

• 我必须找到最合适的话来说

看到这儿,可能还是有读者担心,就算觉得自己不是最该讲话的人……问题是最该讲话的人,可能偏偏就没话讲。

如果当下局势,是非我讲话不可,那怎么办?

除了"这个场子不能冷"。

以及"我必须做找话说的那个人"。

那些容易陷入尬聊的朋友,内心往往还有最后一个假设。

第三个假设,叫作"我必须找到最合适的话来说"。

什么意思?

要知道,如果只是想要打破沉默,想要有话可聊……

那么东拉西扯,**随便**说几句,其实是很简单的。

可问题就在于,人们往往觉得自己不能"随便"说几句。

他们总认为,如果要接话,就一定得讲得体面,讲得漂亮。

而越这样想,压力越大。

● 开口之后

自我评价越高,越容易尬。

好比咱们一直提到的,那对坐在客厅里的女婿跟老丈人。
他们之间,如果真想要打破沉默,那还不容易?
随口说句"外头太阳好大啊"或者"待会儿咱们晚上吃什么"。
不就得了?

但不行!
他们觉得这些话太幼稚、太傻气。
于是绞尽脑汁,都想说些恰如其分,能为自己加分的话。
最后,就尬在了一起。

关于这点,马东老师有个做法,让我印象很深。
好几次,大家吃饭,吃一吃,话题停住了。
或是聊着聊着,彼此都有点搭不上话头,开始言不及义。
你知道,他是怎么打破尴尬的吗?

并不是什么体面漂亮的巧妙言语。
他的反应,最笨也最直接,就是喃喃讲一句:
"咱们这气氛,好像有点尬啊。"

有趣的是，其实这样就够了。

他讲完后，大家会笑，因为他点出了房间里的大象。

附带一提，克里斯·洛克曾经在奥斯卡颁奖典礼上，被威尔·史密斯当众掌掴，那时克里斯·洛克的反应，也是喃喃讲一句：

"哇！威尔·史密斯刚刚揍了我一顿。"

这句单纯描述现场的话，让场面顿时没那么尴尬难堪。

是的，你并不需要在聊天中，表现得很杰出。

只要能允许自己，随意说几句话，哪怕是说句傻话。

你就不会尴尬。

● 冷场，也可以是友善的

所以很有意思。

尬聊，跟场景无关，跟你对场景的**想象**有关。

"这个场子不能冷。"

"我必须做找话说的那个人。"

"我必须找到最合适的话来说。"

● 开口之后

以上三个假设,只要能在内心里,卸下其中任何一个。
则不管在什么环境下,你都可以脱离尬聊,不再尴尬。

就像我有个好朋友,叫释元。
早年,我常去她的公司上课。

一整天的课程,从早到晚,要讲六七个小时。
中午吃饭的时候,释元很热情,桌上又有许多同事,都觉得好久没见到执中学长,会想着一边吃一边聊天。
而我因为上课太累,对话总是有一搭没一搭的,不甚投入。

按传统标准,这应该是个典型的尬聊场合。
所幸,释元每次都会直接表示:"学长,你如果不想多聊,可以安心吃饭,不用搭腔……

"我也就是说说咱们的近况,学长你听听就可以了。"

释元这段话,翻译成白话,其实意思就是:
"学长,你放心,这个场子,是可以冷的。
"你不必做找话说的那个人。"

于是,那顿饭,吃起来就很轻松了。

我也才发现，即使冷场，感受也可以是**友善**的。

理解了这一点，再看看之前的提问：

和一桌人吃饭，不会接话，不会聊天，只能随声附和。

遇到这种大型尬聊现场，该怎么办？

你就会发现，这个一般人眼中的表达问题……

其实并不是**表达**的问题。

○ 人比起被外界伤害，他们更多是在被自己的想象折磨。

第三部分

这些沟通问题，
跟你想的不一样

PART THREE

● 开口之后

1. 关于"被误会"

在跟同学相处的过程中,常常觉得自己说的话容易被误解,并为此感觉沮丧、愤怒。

"你误会了我的意思!"
"我没那个意思!"
"你要这样想,我也没办法!"
在争吵中,人们或多或少,都说过这些话。

是的是的,都是误会。(笑)
在沟通中,人们总会觉得,都是因为别人不够理解自己,甚至刻意曲解自己……才会导致那些糟糕的冲突,与难听的话语。
会觉得,委屈的是自己。

且这种想法,还挺普遍。
也因此,当年那句"被误解是表达者的宿命",特别受欢迎。
大家一边感慨,一边都觉得,这句话是在说自己。

但关于这一点,我一直抱着怀疑态度。
我一直很好奇——真正有误解的,到底是谁?

第三部分　这些沟通问题，跟你想的不一样

先举个简单例子。

大家应该都有这种经验，就是平常在用手机录语音文件的时候，如果把它播放出来，很多人会对自己的声音，有一种**陌生感**：

会觉得，这是谁在讲话？

我讲话的声音，怎么会变成这个样子？

怎么跟平常熟悉的，那个所谓"自己的"声音，差距这么大？

但事实上，我们对这个问题的理解，刚好相反。

也就是，从小到大，那个在你讲话时，早已听惯的声音——

其实一直以来，都只存在于你的脑子里。

它是借由骨传导，传进大脑的。

世上，就只有你一个人，能听见这个版本。

反倒是，那个从录音里传出、让你听着**很陌生**的声音——

其实，才是其他所有人一直在听的"正确"版本。

换言之，真正误解自己的声音是什么样的，不是别人。

正是我们自己。

开口之后

是你自己，误会了自己

同样的道理，人与人的沟通也一样。

大多数时候，其实别人并没有误解你的话。

是你自己，误解了自己所传达的意思。

对此，当年，我在学校时，听老师提过一个例子。

试想一下，周末没事，妈妈跟女儿在家。

女儿说，晚上想跟同学出去玩。

妈妈问："几点回来？"

女儿说："九点以前。"

好，那妈妈就等着女儿九点回来。

结果到了九点，女儿没回来。

又等到九点半，还是没回来。

妈妈打了手机，没人接。

等到十点，妈妈有点紧张了。

再到十点半，开始到处打电话找人。

第三部分　这些沟通问题，跟你想的不一样

直到十一点，女儿还没回来。
妈妈差点没哭出来，急到想要去报警了。

这时，只听到大门"咔啦"一响。
传来转钥匙的声音……

妈妈连忙冲过去，把门一开。
果不其然。
十一点零五，女儿回来了！

这时候，我问你：
在那个当下，你觉得那个妈妈脱口而出的，会是什么？

"你死哪儿去了！"
"现在才回来？你要不就别回来了！"
每次在课堂上问起，下面的同学，给出的答案都很一致。
看得出来，大家拥有的都是同一类爸妈。

于是骂完后，女儿躲进房间，把门嘭地一关。
母女一夜无话。

● 开口之后

隔天早上,妈妈气消了,想找女儿,好好谈谈。
"女儿啊,你昨天说要九点回来。
"结果,却十一点多才到家……妈妈**好担心你**。"

"担心我?"
对于妈妈的说法,女儿完全不接受。
"昨晚看你的样子……我觉得你是**好恨我**。"

"我根本没那个意思!"
明明为女儿担心一整晚,妈妈心有不甘。
"你真要这样想,妈也没办法!"

于是一场谈话,再次不欢而散。

好,类似的场景,我相信很多人都不陌生。
而这时候,我接着问:
你认为,是女儿误解了妈妈的意思吗?
为什么,母女之间的理解,会有这么大的落差?

第三部分　这些沟通问题，跟你想的不一样

● **讲者责任制**

或许看到这儿，很多人都已发现问题所在。
对妈妈而言，她想表达的，那个"我好担心你"的意思。
根本，就没发生过。
那个意思，从头到尾，就只发生在妈妈自己的脑子里。

是妈妈误以为，自己表达了担心。
但女儿实际接收到的，只有愤恨。

这里头，牵涉到一个关键：
就是在沟通中，谁误会了谁？
重点，是要看一个人"实际发出"的信息。
而不是这个人"存在脑中"的意思。

换言之，我们不能要求别人——只要你听到的东西，跟我脑子里的版本不一样，就叫作"**你误解我了**"。
这个要求既不公平，也不合理。

说话的人，有责任确保对方，能准确接收自己的信息。
这个观念，被称为**讲者责任制**。

● 开口之后

而每次在外头,提到"讲者责任制"这个词。
我就会发现很多人,都一脸陌生。
这个观念,的确跟一般人所习惯的不太一样。

因为在学生时代,我们最熟悉的是**听者责任制**。

就像小时候,上课如果不专心听讲,是谁的责任?
当然是**学生**的责任,对吧?
所以老师会把你喊起来,骂几句。
或是要你出去洗把脸,这堂课给我站着听!

换言之,你不用心听,是你的错。
你觉得无聊不想听,是你的错。
你没有听清楚,是你的错。
你误会了老师说的话,也是你的错。

信息传达,出了任何问题,都是"听的人"负责。
这,就是**听者责任制**。

这种情况,主要出现在小时候,发生在学生时代。

而到了成人的世界里，默默地，人们就会开始切换规则。

就像长大后，你去看电影，发现内容让人昏昏欲睡……整间放映厅的观众，睡倒一大片。

这时候，你觉得导演会不会冲出来，骂："你们这些人，搞什么鬼，看个电影都不专心！给我出去洗把脸，这部戏给我站着看！"

显然不是这样，对吧？

导演就算要说话，也一定是，真抱歉，这个电影拍得不够好，大家不喜欢，我们会再努力。

同样的道理，台上的乙方在提案，台下的甲方听不懂。

这是谁的责任？

要怪台下的甲方，听得不够认真？

还是怪台上的乙方，说得不够清楚？

你想表达的东西，别人没接收到，是"表达者"负责。

这，就是成年人的世界中，所用的**讲者责任制**。

所以，别老说什么"你误解了我"——这是小孩子的说法。

言下之意，就是你们这些听的人，都得为误解负责任。

● 开口之后

而我不用，反正我想讲的，都讲了；
你们没有听懂我真正的意思，是你们的错！

不是这样的。
用这种方式思考，生活会特别痛苦。

● 把权力拿回来

就像前面那个提问：
在跟同学相处的过程中，常常觉得自己说的话容易被误解，并为此感觉沮丧、愤怒。

这位提问的朋友，为什么在被误解后，会感到沮丧、愤怒？
因为在他的观念中，误解，都是听者的问题。

所以，自己常常被误解。
这就意味着同学不认真听他说话，不愿意理解他……甚至，还可能是他们对他有恶意，刻意曲解他。
这样一想，他当然沮丧、愤怒。

而当你把理解的责任，交给了别人。

第三部分　这些沟通问题，跟你想的不一样

那不被误解，就成为一种**期待**。

你只能期待别人的重视，期待别人的倾听……
就像那个摔琴的伯牙，期待某个生命中的**知音**。

"你要这样想，我也没办法！"
仔细想想，就会发现这句话，貌似率性。
内在却充满无力感。

唉，不要让自己，变成这样。
不要轻易把自己，当成受害者。

在沟通中，我们要学着把问题**拿回来**。
误解，不是（属于）别人的问题，而是（属于）我的问题。
是我的表达，还不够清楚，还有进步空间。
而这些，都是可以通过自身努力，去解决的。

责任，在我身上。
权力，才会在我手上。

● 开口之后

2. 关于"理解不一致"

谈完个人层面的误解。
接下来，咱们再从组织层面，谈谈交流中的**理解不一致**。

跨部门沟通时，有些重点即使再三强调，理解可能还是会不一致。如何让大家都能明白我的意思，而不会造成误解？

"对下属提要求时，如何避免错误解读，造成执行偏差？"
"如何确保非专业的外行，也能听懂我说的话？"
我发现，在问到这类问题时，很多人，都会有一种错误期待。

他们都会期待，有一种技巧，可以让自己的表达变得很明确、很精准……可以一次性地，就让对方完全听懂。
就像传输档案一样，让彼此脑中的信息，毫无偏差。

但讽刺的是，那些大多数，出现在沟通中的误解。
恰恰就是来自这种……希望让对方**一次就听懂**的期待。

什么意思呢？
就是沟通这玩意儿，若要起效果，靠的不是**单向传达**。

它真正的价值，是**双向问答**。

相反，任何**一次性**的表达，无论多用心、多仔细。
传递的信息，都必然有干扰、有杂讯、有偏差。
这是再好的表达技巧，都无法解决的。

所以，如果你希望在沟通中，保持双方理解一致。
那么唯一的方法，就是让对方**能够且愿意**——
不断地、反复地、放心地，去跟你沟通。

在一问一答，来回确认的过程中。
慢慢地，彼此的理解水平，调到一致。
这，才是避免误解的表达方式。

● 听清楚了，我只说一遍

很多人，尤其是当主管的，常常会犯一种错：
由于担心命令下达后，内部理解不一致……
所以他们在说话时，总喜欢给对方**施压**。

就好比，有一种说话方式，像这样：

● 开口之后

"这件事,大家给我听清楚了,我只说一遍!
"不要让我再重复第二次!"

你看,他们为什么要这么说?

因为他们觉得,如果强调只说一遍,没有第二次机会。
那么,大家就一定会认真听。
而只要大家,听得够认真,那就不会有误解了。

但问题在于,你都已经把话说到这儿了——
那么,万一有人听过之后似懂非懂。
你觉得,他敢向你提问吗?

当然不敢,对不对?

就像在家里,葛莉交代的事,有时候,我实在没听清楚。
但事后,我只要多问几句。
她就会一脸埋怨,表示:
"我之前说的话,老公你都没认真听。"

当然,我知道葛莉所期待的——

是她抱怨完，我知错，以后认真听她讲话。

但这行为，真正造成的结果是——
每次她交代完事情后，我就算没听清，也不会去问。
我宁可蒙着头，先把听懂的部分做了。
听不懂的，就瞎猜。

事后，如果她不满意。
再说"抱歉抱歉，**误会了你的意思**"。

毕竟，比起误会，**没专心听老婆说话**，似乎罪过比较大。

● 说三遍 vs 问三遍

网上有句流行话，说是"重要的事，要说三遍"。
但在沟通中，关键从来不是**"说三遍"**。

如果有一件事，需要大家理解一致……
那么真正重要的，反而是要让大家，敢于向你"问"三遍。
换言之，我们得营造出一种氛围：
"这件事，可以多跟我确认几次。"

● 开 口 之 后

"我也知道光讲一遍,未必能懂,大家要保持随时沟通。"
"有不确定的地方,尽管问,不丢脸。"

与其去期待,自己的表达,能变得明确、精准。
这种氛围的建立,其实更靠谱。

- 是什么 vs 不是什么

说到这儿,再补充一个观念。
就是如果你特别担心,别人误解你的意思。
那么在沟通的时候,除了表达自己的意思**是什么**之外。
最好,也要去强调它**不是什么**。

好比说,我有个助理,叫小熊。
有一次开会,我随口提到,小熊上次买的那个盒饭,真难吃。

请问这时候,我的意思是什么?

"执中老师不喜欢吃盒饭?"
"执中老师真的很在意吃。"
"小熊办事能力很差,买个盒饭都买不好。"

第三部分　这些沟通问题，跟你想的不一样

同一句话，每个人截取的重点，都不一样。
而在这些可能的解读中，**不是什么**，永远比**是什么**更重要。

人的表达，有两个目的：
一个，是寻求理解；
一个，是避免误解。

寻求理解，是往上看，想达到一个最好的效果。
避免误解，是往下看，想避免一个最坏的情况。

理解，是天花板。
误解，是地板。

沟通中，追求完全的理解，很难。
但至少，要能避免那些有伤害的误解。

就像前面那个例子。
我个人对盒饭的态度，可以随人理解。
但至少，得避免其他同事以为我在借题发挥，责怪小熊。

● 开口之后

所以,说完"小熊上次买的那个盒饭真难吃"。
后面,还得打个预防针。
"不过,这也不能怪谁,我也不知道哪一家的盒饭好吃。"

你看,除了表达我的意思是什么。
还得说一句我的意思**不是**什么。

以至于,常听我辩论或演讲的人,会发现:
我这个人,常习惯性地把一个观点,正向反向,各说一遍。
为的,就是强调我的重点,**不是**什么。

这种行为,虽然有点啰唆。
但在面对跨领域、跨部门、跨阶层的信息传播时——
是避免误解,最简单的一种方法。

3. 关于"反应慢"

会议中,反应总是慢半拍,别人的话接不住,怎么办?

要怎么快速接上别人的话?
像这种问题,不知何故,对许多朋友来说,居然是一种刚需。

第三部分　这些沟通问题，跟你想的不一样

而他们最在意的，就是在会议或活动中被点名问道：
"来，谈谈你的看法！"
"能不能跟大家分享一下？"
这时，他们的脑子，会顿时一片空白。

脑中一片空白的感觉，当然不太好。
那会让人觉得，自己好像很笨、很钝……
以至于，特别羡慕那种能够应激作答、有**急智**的人。

可是，即使不用特别说明，我相信，大家也知道：
一个人的智力高低，跟他的反应快慢，并没有绝对的关系。
而**急智**这种东西，在实际工作中，价值也没那么高。

所以，与其说那些提问的人，是想学习快速接话。
倒不如说，他们真正想要的……
是摆脱那种"我觉得自己很迟钝"的情绪压力。

如果只是想快速"接上"别人的话。
那其实，不难啊。

● 开口之后

只要随便搜搜,就能在网上找出一堆视频……
个个都在教你,怎么在别人发言过后,接一堆"水词"。

好比开会时,被点名。
他们就会教你,说什么发言第一步是表达赞同。
"刚才赵经理提到的什么什么,十分关键,说得很对。"
"李经理讲的什么什么,贴合实际,也很有道理。"

然后,要做出概括。
"我的想法,跟两位经理都有共同之处。
"我认为双方的意见各有长短,应该折中调和。"

最后,得致上感谢。
"前面几位发言,主题突出,观点深入,令我深受启发。
"能参加这次会议,我是受宠若惊,受益匪浅。
"像这种会,以后还是应该要多开。"

你看,像这样,不也可以接话吗?
只不过……这恐怕不是你想要的,对不对?

因为你也知道,擅讲这种"水词"的人。

第三部分　这些沟通问题，跟你想的不一样

在别人眼中，是什么样的评价。

老实说，这跟那种个性内向、一时接不上话的人相比。
论形象，还真不一定谁高谁低。

● 急智，是一种谜思

所以，如果不想说起话来都是水词。
那么，第一步要破除的，就是对急智的谜思。

什么意思？

一般人之所以觉得，别人把话递来了，就得赶快接——
是因为他心里总认为，接话慢，就意味着笨，意味着迟钝。
否则，好端端的，为什么不能赶快接话呢？
而这本身，就是一个让人自卑的陷阱。

毕竟，咱们之所以没有快速接上话。
其实，还有第二种可能——
那就是，因为我们很"重视"你的问题。

● 开口之后

好比说,你想象一个场景:

你去理发店剪头发,遇到一个新来的发型师。

你问他:"您觉得像我这样,比较适合什么样的发型?"

这时候,如果发型师一秒都不停顿,立马就接话道:

"先生,你最适合剪个二八分的短碎发!"

此时,你对他的回答,感受如何?

相反,如果你问完后,发型师没有立刻搭腔……

他只是紧抿着嘴,扶着你的头,前看看,后看看。

接着,他还伸手在你头上,左边比一比,右边比一比。

最后,他才缓缓说道:

"先生,你最适合剪个二八分的短碎发!"

此时,你对这个回答,感受又如何?

所以,发现了吗?

很多时候,回应不是越快越好。

人们对回应的重视程度,很大一部分取决于对方在回应过程中

第三部分　这些沟通问题，跟你想的不一样

所投入的**时间**与**态度**。

而那些一秒都不停，立刻给出的反应。
有时候，反倒让人觉得太随便、太草率、不靠谱。

这也就是为什么，那些卖西瓜的老板都知道：
当客人请你帮他挑个熟一点的西瓜时，千万不要拿起第一个，拍两下就说"没问题，这个瓜甜"。

你起码，要拍到第三个西瓜，再拿给他。

● **我需要一点时间，再想一想**

所以，对于那些自身反应比较慢的人。
你真正要培养的，或许不是立刻接话的技巧。
而是**拒绝立刻接话**的习惯。

好比开会时被点到，要你说说看法。
你可以很坦然地，直接表明：
"这问题，我得仔细想想，没办法立刻给意见。"
"先让别人说吧，我还要再整理一下。"

● 开口之后

"抱歉,我反应比较慢,需要一点时间消化。"

这种主动要求时间的行为,并不意味着你很笨。
相反,是因为你很认真、很谨慎、很重视对方的提问……
所以才会选择,拒绝应激作答。

这个形象,比起"我反应很快""我很有急智"。
或许,更能加分。

这也就是为什么,我常强调一个观念:
对自己的形象,要有更多元的想象。

或许,你并不是**机灵**的……
但你可以是**真诚**的、**稳重**的、**严谨**的、**认真**的。
你可以是**不轻易下结论**的、**言之有物**的、**深思熟虑**的。

是的,与其改变自己的说话习惯。
不如利用既有的习惯,让人感觉到,你的另一种价值。

第三部分　这些沟通问题，跟你想的不一样

● 关于这部分，我没看法

而如果，你能很坦然地，接受自己的"慢"。
甚至，能以此为傲，觉得这是一种优点。

那么接下来，我们就可以进入下一个深水区——
接受自己的"不知道"。

由于工作关系，我常常需要表达"看法"。
那或许，是某场线下座谈，或许，是某个活动采访。

总之，麦克风一递过来，立马就伴随一个提问：
"对于校园霸凌／年轻人躺平／找不到热情／精神内耗／恋爱脑／性别对立／身材焦虑……黄老师，你有什么看法？"

早年，我会硬着头皮，东拉西扯，编也得编出一套"看法"。
没办法，人家叫着"黄老师"呢。

但现在，自在多了。
已经可以坦然看着对方，笑着表示：
"换个问题吧……对这个议题，我没什么值钱的看法！"

● **开口之后**

是啊,不知道就不知道嘛。
我为什么一定要对任何议题,都有看法?

且与其在一个自己不熟悉的议题上,硬着头皮发挥。
还不如大大方方,告诉大家:
我很清楚,哪些看法有价值,哪些没有;
我对自己擅长的范围,很自信,也很诚实。

本来,还有点担心这样回复,会不会"有损威名"。
但后来发现,人家完全不在意。
甚至会觉得,非常幸运,能有机会换个更合适的问题。

因为大家要的,不是听你说话,而是听你说出,有价值的话。
我的诚实,帮大家省了时间,不用听我说废话。

当然,如果有人看到这儿,觉得开会开到一半时被征询意见,说自己"不知道"实在放不下面子。
那么在用语上可以稍微调整一下。

"目前这个阶段,我没看法。"

这句话，是我在开会时，最常用的一句。

意思是，不是我没看法，而是如果只讨论到目前这个程度，我的确没什么特别的意见好说。
听起来，体面多了。

所以，试试看吧。
去接受自己的慢。
去接受自己的不知道。

去慢慢发现，比起急智……
还有好多好多，能获得好评的方式。

4. 关于"想吵赢"

生活中，跟讨厌的人发生矛盾，吵架又吵不过，该怎么办？

吵架时，怎么才能吵赢别人？
这个问题，我被人问过一万遍。

但有意思的是，每一次，当我好奇地反问对方：

● 开口之后

"在你看来,怎样才算吵赢?"
绝大多数的人,都没有想过这个答案。

所以,要回答这个问题,咱们不妨,从第一步开始。
先想想**吵赢**的标准,到底是什么?

第一种,所谓吵赢的标准,就是"让对方承认我是对的"。
我相信这也是多数人,最期待的结果。

吵完之后,看见对方低下头来,表示:
"您讲得有道理!"
"您说的是对的!"
"跟您吵完后,我充分认识到了自己的错误!"
这感觉,够爽了吧?

但现实中,这种结果,你见过吗?
你见过有谁吵架,吵到最后,一方改变立场,主动认输?
哪有这种事啊!

就算对方一时,哑口无言……
他想必也会觉得"那都是因为你强词夺理,所以我懒得理会"!

对不对?

且就算我们,退一万步。
你真的希望对方承认你是对的,希望对方改变想法。
那需要的,也应该是**说服**,而不是**吵架**。

所以,如果你吵架时,是以这个标准定输赢。
那么你每次吵架,一定都充满挫败感。
因为你这辈子,都未必能赢个一两次。

第二种,所谓吵赢的标准,就是"让对方难受到睡不着觉"。
是的,有些人吵架的目的,是让对方感到痛苦。
最好吵完之后,他能被骂到呕血三升。

就像小时候,看电视剧《三国演义》。
诸葛亮一骂"我从未见过如此厚颜无耻之人!"。
然后,王朗就"啊啊啊啊"一阵大呼,气得摔下马来。

这情况,虽然令人感到痛快,却也有个问题。

那就是,对方会不会难受到睡不着觉……

● 开口之后

跟你吵架时,用了什么方式、说了什么话,关系并不大。
这主要取决于,那个人的心理承受力。

懂我的意思吗?
如果对方的内心,是比较脆弱、像玻璃般的。
那么,或许咱们简单骂一句"滚",他就会开始呕血。

相反,如果对方的心理承受力很强。
则我们怎么语带尖酸,他恐怕都不会痛。
就算有人骂他祖宗十八代,他也可能会说:"你怎么不骂十九代?"

而偏偏,会跟我们吵架的……
通常,都是什么人啊?

是的,那些厚颜无耻、自私自利、忘恩负义……
以至于,让你气得要死,会忍不住想翻脸的讨厌的家伙。
通常,他们的**心理承受力**,都比你强。

所以,当你俩吵起来的时候,你要骂到他睡不着觉,太难了。
反而吵完,你睡不着觉的概率比较大。

● "吵赢"的标准

因此，对吵架这件事，比较合理的期待是第三种：
"让大家觉得我是对的。"

也就是，在我吵完之后，所有旁观的左邻右舍、路人甲乙……大家听了都觉得，还是黄老师骂得好！骂得对！

对此，有句话说得更直接：
"吵架的本质，就是一场形象竞赛。"

意即在吵架中，我们真正瞄准的，并不是**对方**，而是**第三方**。我们所说的每一句话，也都是（且应该是）要说给**第三方**听。为的，就是让大家从这场争吵中看到你的另一面。

让他们感受到，你是什么样的人——
会为了什么事而愤怒；
会用什么样的方式，保护自己；
会以什么样的理由，攻击别人。

在情绪中，你是勇敢还是从容？

● 开口之后

骂起人,是痛快还是尖酸?
在失控边缘,是不顾一切,还是选择缩手?

面对你的恨、你的痛、你的错、你的弱……
大家是会怜惜?
还是会闪躲?

就像丘吉尔的那句老话:
"你有敌人吗?有的话,很好!
"这表示,你曾为了生命中的某件事挺身而出。"

没有比吵架更能展露这一切的了。

至于那些,会让人看起来很恶臭、很丢脸、很失格……以至于,很容易在事后引发争议的话语。
请都让给对方说。

好让自己的形象,在吵完后,加分加得比对方多。

甚至,说得更现实一点。
当今这个年代,吵架的人,最好都要有一个认知:

我现在说的这些话,是旁边可能会有人拍了传上网的;
我现在撕扯的这些事,是可能被截图后发到群里的。
而我要确保的是,等吵完后,大家看了影片或截图,会觉得:
"哇,这个人骂街骂得有条理!"

这,就是所谓的**形象竞赛**。

● 辩论真正的目的

这跟我们打辩论,道理是一样的。

很多人以为,辩论,是要改变对方。
所以,我常会听到一种,讹传甚广的观点——"辩论无用",吵来吵去,逞口舌之利,改变不了对方的想法。

然而,辩论这玩意儿。
其实根本,就没打算要"改变对方"。

辩论,跟吵架一样,目的,是要争取听众、改变听众。
在过程中,你试图让听众,觉得你是更**认真**的、更**讲理**的、更**诚实**的、更**令人尊敬**的、更愿意与大家**共情**的……

● **开口之后**

以至于,台上吵完后。
台下听众的看法,改变了。

至于**对方**的想法有没有改变?
从来就不是重点。

也因此,我常跟同学开玩笑:
辩论也好,吵架也好,先决条件就是要有"观众"。

而在没有第三者的时候,两人间,若有冲突。
可以沟通,可以谈判,可以**说服**,甚至,可以**不讲话**。
总之,千万别挑这时候,去吵那种不值钱的架。

就像,我在写到这篇的时候,手边,就有一份访问提纲:
　"您作为一名优秀辩手,如果在婚姻中和另一半意见不合的话,会不会不自觉地代入辩手思维,开始打辩论?"

啧,我老是被问到这种问题。

坦白说,我唯一能想象,跟葛莉辩论的场景。
就是刚好,丈母娘坐在一旁听。

"来来来，听听我俩的辩论。

"有没有发现……您女儿很不讲理啊啊啊……"

5. 关于"换位思考"

他一点也不考虑我的感受，不在乎我的难处，不懂换位思考，不懂尊重别人……面对这样的人，如何沟通？

不管是**换位思考**也好，**同理心**也好，或者有人叫作**共情能力**，甚至被称为**用户思维**……这些称呼大同小异，在现今这个时代，都是最被称许的能力。

且事实上，我怀疑，在许多人心中，这已经不是一种能力。
更被视为一种道德。

就像在今天，如果一个人不考虑他人感受，不会换位思考。
那么通常，这个人就会被大家觉得是什么？
是个"烂人"！

对不对？
如果他年幼，那么他就是"熊孩子"。

● 开口之后

如果他年长,那么他就是"爹味重"。

换言之,我们很容易把这类现象理解成一个**道德**问题:
"因为那个人缺乏道德,所以才不会换位思考!"

可是,一旦我们将换位思考理解成某种道德缺失。
那这问题,就没的谈了。
毕竟,面对那些所谓**没道德**的人,除了骂他、嫌他……
又能怎么办呢?

所以关于换位思考,我认为有个盲区,很少被提及。
"**那些缺乏换位思考的人,他们到底是不愿,还是不能?**"
这两者,是有差别的。

● 换位思考实验

针对换位思考,儿童心理学家皮亚杰(Jean Piage)曾做过一系列非常著名的研究。

先说结论:
换位思考,是需要在一定的成熟发展后,才能拥有的能力。

第三部分　这些沟通问题，跟你想的不一样

换言之，换位思考需要一定的智力。

其中，有一个版本的实验，大概是这样的：
他们先让一个小孩，背对着一扇窗坐在桌前。
然后在桌子对面摆一个玩偶娃娃，玩偶身后摆一个花瓶。

此时，实验人员让这个小孩，画出"他所看到的东西"。
从孩子的视角，看到的就是眼前的玩偶，以及玩偶身后的花瓶。
所以，孩子很容易就画出来了。

接着，再请小孩画出"那个玩偶娃娃眼中所看到的东西"。
没想到，这个简单要求，居然难倒了很多孩子。
因为他们画来画去，画的依旧是眼前的娃娃与花瓶。

身为成年人，我们当然都知道，站在玩偶娃娃的视角——
小孩画的，应该是"坐在对面的自己"，以及"自己身后的窗子"。

但如果你问孩子：
"不是吧，娃娃眼中看到的会是花瓶吗？"
"你再想想，从这个玩偶娃娃的角度，它会看到什么呢？"

● 开口之后

那么，小孩恐怕会非常困惑。
毕竟他看到的明明就是**眼前**这些啊！

这也就是许多儿童心理学家所强调的：
五岁以前的小孩，还没有具备"从别人的眼中看世界"的能力。
他没办法理解，对面那个玩偶看到的，会跟他看到的不一样。

且不幸的是，有些人，即便已经三十岁、四十岁了——
他们这方面的能力，似乎，却还是停留在五岁那阶段。

也就是，在生活中，他们真的缺乏一种能力，去想象：
"我这样讲话，人家会有什么感受？"
"我这么做，会不会让别人觉得困扰？"

他们不是不愿换位思考，而是真的想象不出来。

就像曾我看过的一篇访谈，记者问 1993 年开发的游戏《DOOM》（《毁灭战士》）的制作者："你们开创了第一人称的射击游戏，当初怎么会想出要做第一人称视角？"

结果制作者表示，这不是因为他"想"做，而是因为以前计算机的运算能力太差,做第三人称的射击游戏,运算不过来……

做第一人称,可以节省很多运算资源,计算机才跑得动。

其实,计算机如此,人脑也如此。

只用自己的视角来看事情,是最节省认知资源的。

要换从对方或第三者的视角来看,太耗脑力了。

对此,咱们再以下棋为例。

下棋这活动,是一种典型的深度换位思考。

在整个对弈过程中,棋手所想的,永远都是对方的反应。

"我如果挪了车,接下来,对方会动哪个子?"

"我如果吃了卒,那么,对方下一步会怎么做?"

对一些专业棋手来说,这个过程,可以一直往后推算几十步。

心理学把这种认知能力称为**意向性**(intentionality)。

一个人能认知跟表达自己的意向,就称为**一级意向**(First-order);能揣测另一个人的意向,就是**二级意向**(Second-order);能揣测另一个人对第三个人的揣测(我猜张三已经发现了李四讨厌他),就是**三级意向**(Third-order);以此类推。

● 开口之后

相反,如果有个人在下棋的时候,只顾自己,不顾对方。
满脑只想着"我只要先这样走,再这样走,然后,就将军了!",那么他的棋,一定下得超烂。

所以,道理是一样的。
很多人下棋下得糟,不是他**不愿**,而是他**不能**。

这时候,旁人若以道德角度去骂他"你怎么老想着自己""不能这么自私""你为什么不换位思考"……
这类指责,对他毫无帮助。

当然,我承认这世界上,有**少数人是真的坏**。
但讨论这少数人,意义不大。
更多的时候,我们要面对的问题,主要是笨。

是的,那些不懂换位思考的,未必都是坏人。
他们开了某个糟糕的玩笑,却发现,对方居然真的生气了。
其实,他们会惊讶(或许有点歉意,却为了面子死撑)。

在某个角度上,他们就跟那个画玩偶的五岁小孩一样。
他们是真的在智力上,想象不到别人听了玩笑后,会发火的。

这也就是为什么,平常上课时,我常会提醒同学:

永远不要"等着"对方,来替你换位思考;

你要学着,去"帮助"对方换位思考。

● 战术性同理心

谈判专家克里斯·沃斯(Chris Voss)曾在他的书中,介绍过一个很有意思的技巧,称为"**战术性同理心**"。

意思是,在沟通中,要学会熟练地帮助对方互换角色,借此激发出对方的同理心。

这也是我在生活中,最推荐的几个沟通习惯之一。

对此,先看一个简单的案例。

有一回,我在小区的健身房做运动。

健身房的一楼是个挑高的空间,也就是你从二楼,可以扶着栏杆,俯瞰下面的大厅。

当时,我从二楼出来,看到有个带着孙子的老奶奶。

那小孙子,手上拿了个玩具,好像是个橡皮球。他正抓着栏杆

● 开口之后

往下看,一脸跃跃欲试……

似乎,是想把那个球往下抛,看它能弹多高。

这么做,当然不对。

于是那个老奶奶就在一旁劝阻。

而通常,要劝阻这种情况,人们会怎么说?

"别丢别丢!你把球丢下去,下面的人多危险!"

一般来说,都是这么讲,对不对?

但有趣的是,类似的意思,当时那个奶奶是这么说的:

"别丢别丢!

"想想待会儿下楼的时候,万一上面有人扔东西下来……

"那咱们多危险!"

漂亮!

你看,这位奶奶在劝孙子的时候,是主动把视角**反过来**的。

这种说话方式,正是典型的"战术性同理心"。

身为小孩子,也许不能想象"我丢东西,下面的人有多危险"。

毕竟,那关我什么事?

但如果,换成"我下楼后,万一,有人从上面丢东西下来"……
这种担心感,小孩就能想象了。

当时那位奶奶年纪不小,但她的沟通观念一点都不老。
短短几句话,令我印象深刻。

● **转换视角的对话**

另一个案例,也是发生在我周遭。
当时,我在小区散步,前面是一对母子。
孩子,是上小学三四年级的年纪,一副不开心的样子。

妈妈就问:"你去别人家玩,何必黑着一张脸?"
小孩则一直嘟囔,抱怨对方家里规矩多,好无聊,不好玩。

这时候,一般的妈妈会怎么回应?

若是我老妈,往往这时她就要说教了。
好比"做人,就是要守规矩""入乡随俗,客随主便""国有国法,家有家规""每家都有每家的规矩"等一大套。

● 开口之后

而通常在讲到什么"国有国法,家有家规"的时候——
对小孩的影响,就趋近于零。

但当时那个妈妈是反过来问:
"那改天,别人要来我们家玩,你会定什么规矩啊?"

刚开始,那个小孩还不太愿意说,多问几句后,才开始东一句,西一句……他大概的意思,无非是别碰他桌上的什么什么,别用他的杯子或别踩他的床啊之类的(这部分,我听得不是很清楚)。

然后,我就听见那妈妈轻轻接了一句:
"在别的小孩看来,你这些可能也是无聊的规矩呢……"

漂亮!
当孩子抱怨别人家里,无聊的规矩多。
这个妈妈的做法,不是光说"你要懂得尊重别人"。

相反,她会转换场景,让孩子亲身体验:
有些规矩,即便外人觉得无聊、琐碎……对当事人来说,却可能是很重要、很在意、很需要**被尊重**的。

是的,与其单方面地,期待对方学会体谅。

不如化被动为主动,有效地引导对方,产生同理心。

● 为"对方"做辩护

这种引导同理心的表达方式,熟练之后,威力十分惊人。

还记得早年录《奇葩说》时,有一次编导为了搞花絮,在网上找出一堆所谓伴侣间的"送命题"。

其中最有名(也最无聊)的,就是那道题:

"我跟你妈掉到水里,你先救哪一个?"

像这种题目,网上常有一些所谓的"妙答"。

里头无非"我妈会游泳""我不会让你跟我妈待在同一个水域""我爸会救我妈""我会救完老妈再陪你一起死"……类似这样讨好取巧的脑筋急转弯。

但当时的编导,给出了一个挑战。

意思是,你们既然是打辩论的,那就得正面迎击,不准避重就轻,不准模棱两可。

● 开口之后

一定得明确说出你要救哪一个……
然后,再把它说圆了。

我说,好,那我会先救我妈。
为什么?因为我妈最爱我。

你看,若光这样讲……
老婆一定会觉得,我是个畜生,对不对?

所以,回答这类问题的时候,你得帮对方换位思考。

我说,我会先救我妈。
而同样的道理,如果有一天,我跟你爸掉到水里。
记住,你也一定要先去救你爸爸。

因为这世界上,爱你的男人,肯定不会只有我一个。
然而,不会有任何一个男人……
能像你爸爸一样,爱你那么深。

所以,万一真的发生什么事。
你要切记,千万别有压力,永远先去救你爸爸。

这样听起来，感觉是不是就没那么"畜生"了？

是的，面对问题，与其为自己的立场辩护。
不如转换视角，从对方的立场，去帮对方辩护。
这，就是**战术同理心**的进阶应用。

● 放下指控

有句话，听起来虽然挺吊诡，但意思是对的：
"无法理解对方的无法换位思考，这件事，其实也可以视为一种无法换位思考。"

一旦认清了换位思考更多是能力问题，而非道德问题。
沟通起来，就可以减少许多的委屈与火气。

记得婚后，老妈首次跟葛莉吃饭前，我特意叮嘱，表示我俩虽然结婚了，但葛莉是我老婆，只跟我有关系。
"所以你见了人家，可别太亲热。
"别说什么，要把葛莉当自己女儿的话……"

● 开口之后

"这有什么不好吗?"
听儿子这样说,老妈有点不服气。
"你把人家当女儿,相处就很容易没分寸……
"只要客客气气,当普通的客人就好。"
话说到这儿,道理说得差不多了,但我也得顾及老妈的反应。

"更何况,你也帮我想想……
"你把葛莉当女儿,那人家爸妈也要把我当儿子。
"没来由多两个爹妈,你儿子多累啊!"
反过来,像这样讲,我老妈就听得下去。

类似的对话,在生活中,我已用得非常丝滑。

因为我知道,我老妈的换位思考能力,非常弱。
但这不是因为她不尊重或不在乎,而是她不习惯这样想。

所以,我从来不会只对我妈说"你要怎么怎么对葛莉"。
我永远都是反过来,跟她说——身为你儿子,我可不希望人家爸妈怎么怎么对我。

放下指控,把沟通的权力,重新拿回手上。

理解了这一点,再看一开始的那个问题:

他一点也不考虑我的感受,不在乎我的难处,不懂换位思考,不懂尊重别人……面对这样的人,如何沟通?

你就会发现,面对同样的沟通问题。

我们的解法大不相同。

6. 关于"如何安慰人"

朋友失业了,非常难受,我却只能说"别哭,别难过"这种连自己都觉得没用的话,面对安慰人的场合总是感到无力,怎么办?

常见的沟通教学中,有个大类,叫作**如何安慰人**。

"我的好友失恋了,该怎么安慰她?"

"我的孩子考砸了,该对他说些什么?"

"同事被上司骂了,该如何让他打起精神?"

面对这种问题,一般是怎么教呢?

他们有的会教你如何区分诉苦的**类型**:

好比遇到"期待型"的诉苦,该怎么回应;

● 开口之后

遇到"倾诉型"的诉苦,该怎么回应;
而遇到"否证型"的诉苦,又该怎么怎么回应……

也有老师会区分场景,切分得好细好细,逐个做分析:
"女友抱怨工作,该如何安慰?"
"父母为了钱的事情吵架,该如何劝解?"
甚至有些书,切分得实在太细,居然还会教你:
"顶头上司,被更高层的大老板责备,要怎么表示关心?"

对此,我总是暗自吐槽(主要是因为自己懒):
觉得真要发生状况,谁又有工夫,去记下这么多类型,这么多场景的这么多安慰方式?

且无独有偶,是他们都会不约而同地提醒一个重点:
那就是安慰别人的时候,千万别说"我懂你"。

仿佛,这是句恐怖的禁语。
就像《哈利·波特》里,绝不能讲出"伏地魔"这三个字一样。

可是,为什么不能说"我懂你"呢?

第三部分　这些沟通问题，跟你想的不一样

如果对方遇到的那种痛苦，我完全熟悉，完全经历过……
甚至，我还深有感触。
就算是这样，也不能说"我懂你"吗？

● **什么是安慰？**

在此，我们不妨换个方法，来理解"安慰"这件事。

遇到糟糕的事情时，人们会愤怒，会否认，会难过，会恐惧，会失望，会内疚，会懊悔……
这些情绪，一方面，是出于对既有世界的维护（我很好），
另一方面，也是在试图抵抗新的事实（我失业了）。

所以，安慰的目的：
就是要**帮助一个人"调整情绪，接受现实"**。

而要注意的是，这里的调整情绪，并不是让对方"停止情绪"。
相反，是要让对方能"安心地表露情绪"。

先解释，什么叫**停止情绪**。

● 开口之后

就像很多人在安慰别人时,都会说一些貌似鼓励的话:
"不要难过了!"
"看开点,没什么大不了的!"
"你别这么纠结!"
"坚强一点,打起精神来!"

听起来,这些话好像都很有正能量,对不对?
但仔细想想,就会发现:
这些话语背后,潜台词其实都是"请停止你现在的情绪"。

"不要难过了!"
意思是:请停止难过!

"看开点,没什么大不了的!"
意思是:这件事不值得(所以你不应该)难过。

"你别这么纠结!"
意思是:你的难过,都是自找(太纠结)的。

"坚强一点,打起精神来!"
意思是:坚强的人,就不会像你这样。

第三部分　这些沟通问题，跟你想的不一样

甚至说得残酷一点，
很多人口中所谓的安慰，翻译成白话，其实就是：
"好了好了，你可别吵了！"

尤其糟糕的，是这世上还有许多人，在提供安慰的时候，
内心真正想解决的，其实是"自己"的问题：
"我看到你这么难过，心里很不愉快。"
"你一个人伤心，把气氛搞得很尴尬。"
"你哭成这样，大家都不知如何是好。"

所以，他们才得赶紧安慰你，给你鼓励，帮你打气，
好让你尽快停止情绪，让大家都轻松一点。

他们这时候的安慰，若翻译成白话，听来就更残酷了：
"来来来，压抑你现在的情绪，给我们做个好看的表情！"

● 安慰与隐瞒

这种"停止情绪"的安慰，非但无法帮助对方，好好面对现实。
甚至很多时候，它的作用是反过来的，成为当事人的压力。

● 开口之后

就像,你有没有过这种经验?

当自己遇到一件糟心事,而旁边的人,不断地给你热情打气,不断劝你别伤心、别难过……

不知不觉,你就会感到一种压力:

"我现在如果不破涕为笑,好像很不给对方面子。"

"我现在如果还继续苦着脸,似乎过于任性。"

"大家哄了我这么久,再不想开一点,未免不近人情。"

于是,不得不擦干眼泪,挤出笑容,停止难过。

顺带一提,这种效应,最直接的影响。

就是让许多人在面对父母或伴侣时,会选择"报喜不报忧"。

他们会觉得,跟亲人分享负面情绪,是一件挺有压力的事。

会觉得好像自己一诉苦,就有义务,得当着对方的面**好起来**。

但当然我的意思,不是说父母或伴侣,会对你有什么坏心思。

毕竟,越亲近的人,越不忍心见到你难过。

于是他们的安慰,千言万语,结论都很容易变成:

"你啊,赶快好起来吧!"

于是,那些带有压力的安慰。
最终,只会造成对方的隐瞒。

● **安心表露情绪**

理解了什么叫"停止情绪"。
接下来,再看看什么叫让对方"安心地表露情绪"。

试想一下,你失业了,很愤怒,很失望。
与此同时,内心深处,又觉得很彷徨、很脆弱、很沮丧。

这时,如果能有个人,愿意过来告诉你:
"会有这种感觉,真的很正常……"
而不是:"别难过了!"

"这件事,无论是谁,都会觉得崩溃……"
而不是:"没什么大不了的!"

"换作我,一定也觉得很委屈……"

● 开口之后

而不是:"你别这么纠结!"

"我遇到过类似情况,当时的反应,跟你一模一样。"
而不是:"坚强一点,我遇到过更糟糕的事都没哭!"

有没有发现,相比之下,感受不太一样?

因为比起"安抚情绪",这个人更在意的,是建立一个安全的氛围,好让对方能安心地表达痛苦、失望与沮丧。

要知道,很多人在伤心的时候,不敢尽情哭。
是因为他不太确定:
我为了这种事哭,会不会很**丢脸**?会不会显得很**小家子气**?
为了这种事觉得**嫉妒**、**失望**或**委屈**,会不会是**不应该**的?
我是不是**不够坚强**?我是不是**太玻璃心**?

而安慰,就是在告诉他:
你不用担心,你这个样子,是很**正常**的。
你是**可以**生气的,你是**可以**嫉妒的。
在我面前,你是**可以**表现出脆弱、失态与不体面的。
"**我懂**,因为我也干过一样的事!"

让对方，能够在你面前安心地表露情绪。

这，才是安慰的真正目的。

而只要你，理解了这个大原则。

实际上，要用什么样的话语，并不重要。

不用特别背公式，也不用硬记那些场景。

只要大方向对了。

你完全可以很自然地，按着自己的习惯，说自己的话。

这就是我一直强调的——

只要知道"为什么"，自然就懂"怎么说"。

● 被承认的需求

为什么，我们要让人安心表露情绪呢？

因为情绪这玩意儿，有个特色：

它有强烈的，"被承认"的需求。

好比说，你今天考试成绩好，觉得开心了。

别人看着你开心的模样，也觉得你能这么开心，真是太好了。

于是，你的开心被承认了……

● 开口之后

那一刻，你就觉得特别舒坦，特别愉快。

相反，如果你今天考试成绩好，觉得很开心。
但你发现，自己一旦表露出开心，别人就会说你**得意忘形**，觉得是在对考差的同学**幸灾乐祸**。
那么，就代表你的开心，是不能显露出来的。
或是万一显露出来，别人也不会承认的。
这时候，你就只好憋着。

开心时憋着，尚且会觉得痛苦。
更何况，是那些生气、委屈与失望？

所以，当一个人难过的时候，能够听见旁人表示：
"你可以这么想！"
"我太懂这种心情了！"
"我可能会比你更伤心！"

这时候，他就知道，自己的情绪**被承认**了。
在此前提下，我们完完全全可以认真地说出"我懂你"。

是的，只要观念对了。

"我懂你"这句话,并不是什么恐怖的禁语。

● 安慰与处置

当然,也听过有人反驳,说我这些观念,未免太过理想。
他们说,有时在职场上,遇到同事崩溃……
还真的需要对方,赶紧"停止情绪"。
毕竟,总不能由着他号啕大哭吧?

关于这点,我完全认同。
我认同,职场上,的确很难去照顾每个人的需求。

但也正因如此,我们必须承认:
那些当下要对方"别难过了"的劝勉,并不是一种安慰。
相反,那更像一种柔性施压。
是大家在情急之下,一种不得不做的"处置"。

别把这种**处置**,美化成**安慰**。
能理解(承认)这一点,或许也是一种进步吧。

● 开口之后

7. 关于"对方只想维护自己利益"

沟通的时候,发觉对方只想维护自己的利益或观点。
面对这种人,该怎么沟通呢?

先说结论。

对我来说,最容易沟通的,其实恰恰是那种"很在意自身利益"或者"拥有鲜明观点"的人。

因为像他们这种人,在沟通中都是有倾向的。
有倾向,就能找交集;
有交集,才有机会建立共识;
有共识,事情就好谈了。

相反,什么样的人,最难沟通呢?
就是既不重视利益,也不强调原则,没偏好没想法,什么都无所谓,什么都不太感兴趣……无论别人说什么,都只会"嗯嗯"应和。
这种人,最难谈事情。

● 暂时放下道德指控

面对那些只想维护自己利益的人,该怎么沟通?

对此,一般人最容易犯的错,是心中对他们产生**道德指控**。
他们会觉得,对方怎么这么**自私**、这么**贪婪**、这么**计较**。
怎么满脑子,都只想着自己的利益!

而一旦在心里产生了这种道德指控。
那么你在沟通时的语气与态度,就必然会扭曲。
因为你会觉得,既然自己的立场,比对方更无私、更高尚。
那么,万一让对方称心如意。
自己可就太**委屈**了。

且有趣的是,"你怎么这么自私"这句话。
若翻译成白话。
其实意思,往往都是"你怎么都没有想到我(们)的利益"。

是的,我们之所以指控别人自私。
通常,都是因为觉得**己方**的利益被忽略了。

● 开口之后

就好比年轻时,我跟老妈出去吃饭,对于想吃哪间餐厅,有时候会有分歧……她老人家说要吃蒸饺,我说想吃比萨。

相持不下时,老妈就会怪我太自私。

骂:"为什么就要别人听你的!"

这个说法,总让我哭笑不得。

我心想,眼前咱们,就两个人……

不管要吃什么,最后不是听我的,就是听你的。

所以,这哪有什么自不自私?

你不想听我的。

那反过来,不就是要我听你的吗?

更何况,我说一句逻辑比较绕的话——

如果我老妈不自私,她又怎么会觉得我自私呢?

正是因为老妈,她**自私**地想吃蒸饺,

所以,才会觉得坚持想吃比萨的儿子很**自私**。

(因为我自私,阻碍了她自私。)

而如果,老妈对蒸饺不自私,吃什么都可以。

那么她根本不会察觉到我自私。
（我自私，对她不产生任何阻碍。）

结果母子俩，不是我自私，就是你自私。
又有什么好指控的呢？（摊手）

承认每个人，都会更重视自身利益。
这不是自私，这是人的正常反应。

甚至，如果咱们把视角拉远一点。
如果我为了怕老妈不开心，最后，还是陪她老人家吃蒸饺。
这难道，就是"不自私"吗？

未必。
因为我这么做，很可能是为了减轻心理压力……跟老妈吵架，毕竟不太舒服，吃蒸饺，我会少内疚一点。
换言之，这种退让，依然可视为一种维护**自身利益**的体现。

所以，请先抛开"自私"的指控。
沟通的前提，是尊重。
尊重，就是"承认对方的合理性"。

● 开口之后

● 只要是利益，就会有交集

而当你承认了，那些所谓"自私者"的合理性。
你就会发现：其实这种人，反而比较好沟通。

因为人啊，只要有**在意**的东西。
你跟他，就有对话的可能。

而一个人，只要还在意他自己的利益。
那就意味着，我们知道如何让他感兴趣，如何让他有共鸣，如何让他被引导……以及如何与他产生**交集**。

曾经在一家服装店的更衣间看到这样一张"温馨提示"：

温馨提示

- 别让我们的衣服弄花您的妆容，您可向服务台员工索取一次性口罩。
- 商品装有防盗针，请您在试穿时注意安全，如需帮忙请联系店员。

看看上头这两句话,写得多有意思。

第一条:写的是"别让我们的衣服弄花您的妆容,您可向服务台员工索取一次性口罩"。

第二条:又提醒"商品装有防盗针,请您在试穿时注意安全,如需帮忙请联系店员"。

其实翻译成白话,人家的目的,分明是要提醒客人:

"换衣服的时候,要小心别弄脏我们的衣服!"

"商品都有装防盗针,别想偷我们的东西!"

但在内容上,他们反过来,特意去强调顾客的利益:

"**别让我们的衣服弄花您的妆容**";

"**小心我们的防盗针,请您注意安全**"。

听起来,是不是感觉很不一样?

是的,人与人的利益,未必都是冲突的。

利益,更不是只有一个角度。

差别只在于,你有没有试着,去呈现**与对方相关**的那一面。

就像我有个学长,也是打辩论的,就提到他早年开车的时候曾遇到过一起小擦撞……事故不大,严格说来,也没有谁对谁错,就

● 开口之后

是彼此都有不小心的地方。

没想到,对方车上,很快下来两个气势汹汹的男子。
一个手臂刺青,是个四十多岁的中年大叔,嘴里一直骂骂咧咧。
身后,跟着一个帮腔的小年轻,看起来像他儿子。

我那位学长,当时还在读书,戴副眼镜,身材圆圆胖胖。
对方一见他这模样,顿时气势更强,不由分说,劈头盖脸地朝着学长一阵痛骂。

被骂了好一阵,学长才终于找到机会,插了句话:
"大哥,你知不知道你这样做……其实很危险……"

"有什么危险?"
对方愣了愣,显然没想到学长憋了半天,居然要说这话。

"是这样的……

"我跟您擦撞了……您下车来,什么都不问,什么都不理,劈头盖脸就骂我一顿……

"这个过程,您孩子在旁边都看到了,也学会了……

"以后他在外头,跟别人起纠纷,也会像您这样……

第三部分　这些沟通问题，跟你想的不一样

"但您怎么知道，你孩子下次……
"会、撞、到、些、什、么、人、啊？"
当年学长转述这段的时候，一字一顿，态度特别真诚。
"这难道，不是很危险吗？"

说完，就像变魔术一样。
那位中年大叔，看看学长，又回头看看身后那个小年轻。
最后对着自己儿子大喝一句：
"以后不准这样，知道吗？！"

特别有意思。

原来学长当时，一边挨骂，其实脑子里，一边在琢磨：
为什么这个大叔，脾气这么大，骂得这么凶？

最有可能的，就是因为他的儿子，正站在他身后。
好不容易，能有个机会……这老爸自然会想在孩子面前，露个一手，显显自己平日在外头的"彪劲"。

换言之，他不在乎曲直，不在乎得失，更不在乎那位学长。
他在乎的，是自己的小孩。

● 开口之后

就像我前面说的：

一个人，只要还有他所在乎的利益。

那就意味着，我们知道如何让他感兴趣，如何让他有共鸣，如何让他被引导……以及如何与他产生交集。

● 观点无法改变

至于，那些只想维护自己观点的人，又该怎么沟通呢？

关于这个问题，要分几个层次。

首先，也是最重要的一点，就是不要想借由攻击与否认，来改变对方的观点。

就像在课堂上，我总会普及一个观念：

每个人的看法，都是他"过往人生"的总和。

意思是，平常当我们夸一个人"三观很正"，或者骂一个人"价值观偏差"的时候……这些形容，听起来，都像在说这个人在观点上，做了某个**选择**。

但其实不是的。

因为一个人的价值观,在很大程度上,就像是一个人的肤色、性别、双亲、身高或血型……

并不是当事人能自行挑选的。

为了解释这点,我常拿同学举例子。

我会说,有句老话叫"善有善报,恶有恶报"。

这句话,在座有哪些人同意?有哪些人不同意?

结果就发现,台下往往会分成两派。

一派会同意,冥冥之中,真的是善有善报,恶有恶报。

另一派,则对这句话嗤之以鼻,觉得是胡说八道。

那为什么,大家的看法如此不同?

是因为他们在价值观上,刻意做了对立的**选择**吗?

不是的。

那些觉得"**善有善报,恶有恶报**"的人,之所以这么认为,是因为他们一边判断着这句话,一边在心里默默回想自己以往的经历、周遭见过的故事、身旁亲友的下场……

然后觉得,果然没错!

这世上真的是善有善报,恶有恶报。

● 开口之后

而那些不赞同这句话的人,其实也一样。

只不过他们在过程中,想到的是另外一种经历,体验的是另外一种故事——发生在亲友身上的,是另外一种下场。

因此才会觉得,这句话是狗屁!

这就是前面所谓的:

"**每个人的看法,都是他'过往人生'的总和**"。

所以,当一个人只想维护自己观点的时候,该怎么与他沟通?

要讨论谁对谁错吗?

没意义的。

这观点,甚至都不是那个当事人,自己所能**选择**的。

就算你硬抓着其中一人,说:"请你别这么固执。

"承认'善有善报,恶有恶报',好不好呢?"

他也会说:"我做不到。

"在我遭遇过那些事之后,你还要我相信善恶有报?

"这是强人所难,不可能的!"

这时候,要改变他的看法。

就等于,要他**否认**自己过往的人生。

● 只想维护自己观点

那难道,就放弃沟通了吗?

不是。

面对那些只想维护自己观点的人,第二个重点,就是要学会跳过价值观,直接谈行为。

曾听过一位太太抱怨,说自己跟老公的价值观不一样。

尤其是在对小孩子的教育上,她老公相信,教育小孩就要"卷",不"卷"就会输给别人,竞争力很重要。

而她这个做妈妈的,则相信快乐最重要,小孩就该健康开心地成长,不需要给孩子太大压力。

于是夫妻俩,常常为了这事吵架。

的确,就像前面提到的,她老公会有这个价值观,一定与其自身的生活经历相关。

而太太呢,也一样。

● **开口之后**

价值观这玩意儿,不是自己能选的。

此时,如果有人建议他俩多沟通,试着去调整彼此的价值观?
我会告诉他,太难了。
价值观这玩意儿,越沟通,只会越**意识到**差异的存在。
最后,觉得彼此天差地远。

这也就是为什么,如果你常看那些校园辩论赛,或是看过《奇葩说》,就会发现那些打辩论的选手,经常说着说着,就容易出现个习惯动作——他们称之为"上价值"。

什么是上价值?
简单讲,就是将一件具体的事物,额外赋予价值上的意义。
而在赋予了价值意义后,那些原本只是**行为**上的差别。
一转身,就会变成**价值观**的差距。

好比说,家里吃完饭,爸爸让小孩负责洗碗。
这本身,只是个单纯的行为。

但对有些人来说,叫小孩去洗碗……
背后代表的,却可能是"剥夺孩子的童年"。

第三部分 这些沟通问题，跟你想的不一样

或是"确立父亲对孩子的控制权"。

甚至是"通过低价值的劳动，贬低孩子的自我认知"。

到了这地步，讨论的，其实已经不是洗碗。

因为"该不该叫小孩洗碗"。

行为之间，谈的是利弊得失。

而"父母该不该控制子女"。

价值观之间，谈的是对错、是非、荣辱、贵贱、高低。

对前者，不同意见的人，彼此还能折中取舍。

但后者的每一项非但都是**零和**的——

且在历史上，还都为此见过血的！

这也就是为什么，辩论选手会喜欢"上价值"。

因为在比赛中，他们需要强化对立、营造冲突，需要在众人面前，呈现出一种水火不容、有你没我的感觉。（笑）

这一方面，是巩固自己的支持听众。

另一方面，也是在压缩正反之间的灰色地带。

好逼着台下，那些还没有做出选择的听众，赶紧选边站。

● 开口之后

当然，我们必须承认，在某些特定的场域……
这种"上价值"的技巧，确实很关键。

可在生活中，没必要这样搞。
生活中，我们要尽量去谈**行为**，不要谈**价值**。

● 谈行为，不要谈价值

就好比前面那个例子，父母在对小孩子的教育上，一个要"卷"，另一个要快乐成长，价值观不一样。
看起来天差地远，对不对？

但若谈起具体行为。
我问你，那位觉得孩子一定要"卷"，这样才有竞争力的父亲……他同不同意小孩也要适当休息啊？

他一定同意嘛。
因为不休息，怎么有力气"卷"呢？
不好好休息，怎么能"卷"得更久，"卷"得更远呢？

第三部分 这些沟通问题，跟你想的不一样

那同样，如果你再问这位父亲：

他同不同意让孩子在学习过程中，也感受到快乐，好让学习这件事，对孩子更有吸引力？

他一定也同意嘛。

因为在价值观上，父亲虽然支持"卷"。
但在具体行为上，如果有办法能让人**快乐**地"卷"。
那自然好过**不快乐**地"卷"。

再回头看看，那位强调快乐成长的母亲。

如果我们问这位母亲，在具体行为上……她反不反对，小孩也要守些纪律、学些规矩呢？

她肯定不反对。
因为一个小孩不懂规矩，常跟人发生摩擦，一出门就被讨厌。
这样的成长过程，很难快乐起来啊。

而若再问，她同不同意让小孩好好念书，学点技能？
大概率，这母亲也会同意。

因为快乐既然这么重要。

● 开口之后

那么小孩长大后,万一失业了,找不到工作。
到时,想必也快乐不到哪里去。

你看,这就是我说的。
要学会跳过价值观,直接谈行为。

光谈价值观,很容易会有个错觉,觉得彼此天差地远。
可只要谈起具体行为,就会发现——
那原本"天差地远"的双方,其实在具体的选择上,差别并不大。

好比这对夫妻。
他们其实都认同,小孩该学习时要学习,该休息时要休息。
这没冲突啊。

他们也都同意,小孩在学习过程中,如果能让他快乐一点。
总好过愁眉苦脸。
这更加没冲突了。

所以,一般人之间,多聊聊具体问题吧。
少去聊价值观。

这不是因为，价值观不重要。

而是因为（请恕我无礼），绝大多数的人，并没有在真正意义上，形成一个完整的、可对应真实生活的价值观。

他们（包括我）所坚持的，更多的是**偏好**。

谈不上价值观。

面对只想维护自己利益或观点的人，该怎么沟通？

这，就是我的诀窍。

8. 关于"怕上台"

工作之后，有很多场合需要做公开表达，如何克服公开表达的恐惧，让自己更有自信、不怯场呢？

在谈论这个主题之前，请容我先花一点篇幅。

我想好好吐槽一下，关于"自信"这件事。

上台会紧张，这问题很常见。

以至于，有一种更常见的回应方式，叫作"你要有自信"。

● 开口之后

于是有好多课程,在帮大家"培养自信"。
好多书籍,在传授"提升自信"的技巧。
有好多老师,在教人要怎么"自信发言"。

而这总让我特别疑惑。

因为在课堂上,我常会跟同学普及一个观念:
自信是结果,而不是原因。

什么是自信?
最简单的说法,就是,一件事,你做成了。
那么你的自信,就会增加一点点。

而下一次,又做成了。
那么对这件事,你的自信就会更强。

而如果同样的事,你已经成功过一百次。
那么,到了第一百零一次……你当然超级有自信!
甚至,你闭着眼都敢做。

换言之,自信,应该是成功之后的**结果**。

第三部分　这些沟通问题，跟你想的不一样

按理说，我们对任何事情的自信，都应该是这么来的。

但不知何故，有些人，颠倒了这个因果关系。
他们把缺乏自信，当成了失败的**原因**。
会觉得自己上台表现不好，都是因为"**我还不够自信**"。
以为得先有自信，才能有好的表现。

这种论调，非常奇妙。

毕竟，如果一个人从来就没有在台上，有过任何好的表现。
与此同时，他却期待自己，必须自信满满。
则这种凭空产生的谜之心态……真的能叫"自信"吗？

所以在课堂上，我常喜欢吐槽那些教人"培养自信"的训练。
我说，要教一个人怎么一步一个脚印地把某件事情做好。
这过程，比较难。
而且过程，是可检证、可验收、无法糊弄的。

但要教一个人，怎么通过一些口号或小游戏，去"相信自己"。
这过程，却容易得多。
且这过程，是无从检证、无从验收、完全可以被糊弄的。

● 开口之后

"教练,我觉得,上完课后,我还是很怕上台。"
"唉,你的问题,就是还不够自信!"
你看,是不是很简单?

● 学会"不完美练习"

而如果问题不在自信。
那么,面对上台的恐惧,又该怎么克服呢?
对此,我有个不同看法。

那些上台会恐惧的人,他们怕的是什么?
怕的,是自己表现不好。

那为什么会这么怕表现不好?
好,下面这句话很重要哦——
因为他们不知道,万一自己表现不好,该怎么办。

好比说,我常见到的一种准备方式,叫作"完美练习"。

就是上台前,一边背着讲稿,一边找人计时。
然后背着背着,发现有几句忘词了……

第三部分 这些沟通问题，跟你想的不一样

喊停，重来。

再背着背着，又发现有几句卡住了……
喊停，重来。

像这样，一遍遍练下去。
直到整篇演讲，都做到完美、流畅。

但这种"完美练习"，有个缺点。
那就是真正上台的时候，万一出问题，是不能**喊停**的。
以至于，你只能一边努力表现完美。
一边祈祷自己，当天不出状况。

而这也就是，一般人无法消除紧张的原因。
毕竟在练习过程中，你练来练去，其实只练会了一个版本。
没错。
就是那个最流畅、最完美的版本。

换言之，你还是不知道万一出了状况，该怎么办。

相比之下，在我的学生时代，老师教的都是"不完美练习"。

开口之后

同样是上台前,一边背着讲稿,一边找人计时。
然后背着背着,发现有几句忘词了……
等等,不许喊停。
秒表继续跑!

于是台上的同学必须自己想办法:
要不然,先垫个几句话;
要不然,假装喝口水;
要不然,跟大家笑笑道个歉,低头去看稿子;
甚至,干脆跳过那一整段,直接装作没事,继续讲下去。

总之,在练习时,不管出了任何问题,都不会重来。
秒表继续跑。

毕竟练习的目的,不是让你习惯完美。
练习的目的,是让你习惯在不完美的情况下,去解决问题。

是的,自信是**结果**。

自信,不来自"相信自己不会出错"。

而是来自你在一次次的练习中，成功地确认了——

"万一出了状况，自己该怎么做？"

- **说错话后，会有什么结果？**

"万一出了状况，自己该怎么做？"
这个问题，特别重要。
它不只是像前面提到的，是一种练习方式，更是一种心理态度。

就说很多人怕上台，还有一个原因。
那就是怕自己"说错话"。

面对这种焦虑，一般人的态度是"控制"——
我**千万**得小心，**不能说错话**，**万一**说错话，我就**完蛋**了。
越想控制，就越没有退路。
焦虑，就越严重。

但不是的。
我们完全可以试着放开控制，在脑中模拟一下：
万一说错话，又会怎么样呢？

● 开口之后

第一种，最简单的后果。
就是万一说错话，我可以**道歉**，对不对？
往这个方向想，问题就变得简单许多。
因为当场道歉，只要你不是恶意的，通常都会被接受。

所以，如果我这个人，没有无谓的自恋。
觉得我是可以说对不起的，是可以放下身段，跟人道歉的。
那么，我就不会那么害怕说错话。

至于那些很怕上台、很怕说错话的人。
有一种可能，就是他很不能接受自己道歉。
很不愿意承认，自己也会出错。

那么，还有什么后果吗？
有，就是说错话以后，我可以**被调侃**，对吧？
说错话，表错意，咱们搔搔头，大家哈哈一笑，也就算了。
尴尬过后，谁也不会揪着不放。

所以，如果我这个人，没有什么无谓的自卑。
觉得我是可以允许出糗的，是可以把手一摊，接受调侃的。
那么，我就不会那么害怕说错话。

至于那些很怕上台、很怕说错话的人。

另一种可能，就是他很不能接受自己被取笑。

很容易把别人的笑声，视为一种攻击。

● 永远都有弥补的机会

又或者，还有一种后果。

就是说错话以后，我可以找机会弥补。

毕竟别人对我们的评价，通常，都是来自某一个高光时刻。

这次不好，下次挽回。

就像作家刘墉举过的例子：久未登台的老艺人，如果决定重回舞台，却只演唱一场，那么他背负的压力一定非常大。

就那么一场，唱砸了，名声就毁了。

但如果这位艺人出来时，一口气宣布，要连唱十场。

则他的压力，反而会减轻不少。

因为他知道，这场就算砸了，下一场，还有机会补救。

口碑，看的都是高峰点。

● **开口之后**

而类似的心态,在我身上同样得到了印证。

我这辈子,打过 400 多场辩论赛。

其中,当然有输的。

但事过境迁,别人记得的,永远都是我最出风头的那几场。

每次比完赛,万一输了。

我从来不会怕丢脸、想逃避。

相反,我当下第一个念头,就是想赶紧找机会"再来一场"!

是的,常上台的人,压力就会小。

不是因为熟能生巧。

而是因为知道,自己还有机会挽回。

好啦,你看看。

一旦好好想过,说错话后,会有什么结果……

就会发现,真正可怕的,其实不是"说错话"。

而是我们内心,那些无谓的**自恋**。

是那些不允许自己受调侃的**自卑**。

是那些为了担心失败,却让自己再也没机会挽回口碑的**回避**。

不能想象失败，就会恐惧。

过分想象后果，就会焦虑。

所以有句话，我一直很喜欢：

"人啊，比起被外界伤害……

"他们更多是在被自己的想象折磨。"

这句话，可以用于谈演讲。

也可以用在，谈一切问题。

○ 说话，就像一条通道，联结我们每个人，内在与外在的世界。

后记：
写在最后

AFTERWORD

● 开口之后

说话,就像一条通道,联结我们每个人,内在与外在的世界。

而人在生活中,所感受到的绝大多数冲突,也都是内在世界与外在世界的冲突。

如果内在世界中,这个人恐惧——
那面对外在世界,他就会想要**控制**。
于是,联结两者的语言,往往就都是**命令**。
"你这孩子,为什么这么不听话?!"

同样地,如果内在世界中,这个人自恋——
那面对外在世界,他就会觉得,那里的一切,肯定都"**跟我有关**"。
于是,联结两者的语言,往往就成了**证据与指控**。
"你们这些人,为什么要这样对我?!"

所以一年多前,当我准备要写一本,关于"说话"的书时。
我内心最大的吐槽,就是关于说话——
这件事本身,其实没什么好说的。(笑)

说话,只是通道啊。
通道,只要不堵塞,不打滑,就合格了。
不用在通道上,下太多功夫。

后记：写在最后

更不用费尽心思，在里头布置鲜花、地毯、薰香或烛光。

因为通道本身，并不重要。
重要的，是它想联结的那两个世界。

通道，更不是问题的来源。
通道不会伤害你，不会折磨你，不会让你失望……真正造成痛苦的，是它所通往的，那个或许不符合你期待的真实世界。
而对于通道，再华丽的布置，也不会改变目的地。

所以，作为一本谈说话的书。
我会劝你，与其把力气，放在说话技巧，倒不如让自己的内在世界，变得更加真实、善意、灵活、透明与接纳。

就像我前面篇章中，所建议的那样。

因为真正的重点，不在于如何开口。
而是开口之后——
我们将会用一个什么样的内在世界，与外在世界碰撞。

特别鸣谢：张哲耀 熊陆离